广东省中小学"百千万人才培养工程"
初中理科名教师培养项目丛书

丛书总主编：于 慧 李晓娟

初中物理学生自主创新实验设计与应用

刘小丰 著

暨南大學出版社
JINAN UNIVERSITY PRESS

中国·广州

图书在版编目（CIP）数据

初中物理学生自主创新实验设计与应用/刘小丰著 . —广州：暨南大学出版社，2024.8
（广东省中小学"百千万人才培养工程"初中理科名教师培养项目丛书／于慧，李晓娟总主编）
ISBN 978 - 7 - 5668 - 3910 - 7

Ⅰ. ①初…　Ⅱ. ①刘…　Ⅲ. ①中学物理课—教学研究—初中　Ⅳ. ①G633.72

中国国家版本馆 CIP 数据核字（2024）第 087588 号

初中物理学生自主创新实验设计与应用
CHUZHONG WULI XUESHENG ZIZHU CHUANGXIN SHIYAN SHEJI YU YINGYONG
著　者：刘小丰

出 版 人：阳　翼
统　　筹：黄　球　潘江曼
责任编辑：曾小利
责任校对：刘舜怡　黄子聪
责任印制：周一丹　郑玉婷

出版发行：暨南大学出版社（511434）
电　　话：总编室（8620）31105261
　　　　　营销部（8620）37331682　37331689
传　　真：（8620）31105289（办公室）　37331684（营销部）
网　　址：http：//www.jnupress.com
排　　版：广州良弓广告有限公司
印　　刷：广州市金骏彩色印务有限公司
开　　本：787mm×1092mm　1/16
印　　张：9.5
字　　数：200 千
版　　次：2024 年 8 月第 1 版
印　　次：2024 年 8 月第 1 次
定　　价：49.80 元

前　言

　　科技创新是民族进步的灵魂，创新被认为是 21 世纪人才的关键特征。物理学作为一门以实验为基础的学科，物理教学对创新人才的培养起到重要作用，而作业作为课程的有机组成，承载着提高创新素养的重要使命。

　　本书以《义务教育物理课程标准（2022 年版）》为依据，全面落实核心素养理念，渗透 STSE（科学、技术、社会、环境）教育思想，从教学实际需要出发，通过案例解读的形式论述初中物理学生自主创新实验的设计与应用。

　　本书聚焦初中物理实践性作业的重要组成——学生自主创新实验，描述了国内外初中物理学生自主创新实验（以下简称"学生自主创新实验"）的研究和发展历程，介绍了学生自主创新的设计理念和应用方法。笔者站在一线教师的视角，为如何设计和应用学生自主创新实验指明了方向，提供了可复制、可参考、可创新的方法和案例。本书是初中物理一线教师的"良师益友"，是了解学生自主创新实验现状与未来发展的重要资料，可供研究和实施学生自主创新实验的专家、学者参考。

　　本书共分七章，第一章对学生自主创新实验的产生与发展进行了回顾，介绍了学生自主创新实验的设计理念，以及学生自主创新实验在教学中的应用方法。第二章从作业设计的视角出发，通过案例阐述了学生自主创新实验作业的设计与实施，包括日常作业、假期学生展评和科技节等活动的策划与实施。第三章介绍了如何创建学生自主创新实验网络平台，包括微信视频号、抖音视频号、微信公众号的创建与应用，使其成为学生自主学习、交流互动的平台。第四章和第五章，介绍将学生自主创新实验作为课程资源，应用在课堂教学中的方法、范式以及微课的制作与应用。第六章介绍如何利用学生自主创新实验开展命题研究与指导学生自主命题。第七章从教育科研的视角，介绍学生自主创新实验课题的选择、申报、开题与研究过程、方法，以及如何从课题成果中提炼教学成果。

本书案例丰富，是一线教师创新实践性作业设计、落实"新课标"和在"双减"背景下有助于初中学生培养创新素养的参考书，是广大初中学生开展学生自主创新实验的操作指南，有助于初中学生在实践中发展综合能力和创新素养。

刘小丰

2023 年 10 月 10 日

目 录
CONTENTS

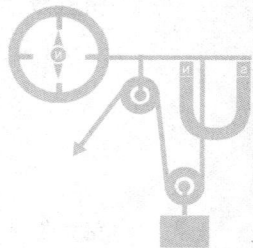

第一章　学生自主创新实验设计理念与应用方法

第一节　学生自主创新实验的研究与发展

学生自主创新实验是基于物理现象或规律，由学生自主提出问题，通过合理猜想假设、自主创新设计、全面细致观察、主动合作探究、科学分析论证，得出科学结论的一项综合性、高品质学习探究性活动。在学生自主创新实验中，学生依靠自己的智慧去完成实验设计，意味着自己会分析实验原理，自己思考并选择实验器材，自己设计操作步骤，教师只充当指导者、帮助者和促进者的角色。[①]

一、国内外学生自主创新实验教学的研究现状

（一）国外学生自主创新实验的发展

在中国知网搜索主题"学生自主创新实验"，共找到 103 条结果，在结果中进一步搜索"物理""初中物理"分别找到 69 条、23 条中文文献，无学位论文。这说明关于初中物理学生自主创新实验的研究比较少，我们可以从"创新实验"切入对"学生自主创新实验"的文献研究。在中国知网搜索主题"创新实验"，共找到 9 530 条结果，有 385 篇文章对物理创新实验进行了研究。这一结果说明国内外对"创新实验"的研究已经比较深入。

美国在 20 世纪 90 年代颁布实施的《国家科学教育标准》中表示：使全体学生具备良好的科学素养是国家教育的重要目标。随着美国教育标准的实行，美国提出了"探索物理"教学模式，让学生自己通过实验，发现、总结规律，在课堂上教师鼓励学生进行科学探究，培养学生的观察、操作、设计等能力。

---

① 丁玉祥. 学生自主创新实验的意义、价值与实践路径 [J]. 实验教学与仪器，2019（5）：3 – 6.

近年来，国外的创新实验设计改革主要在两方面进行：一是利用先进的信息技术设计创新实验；二是创新实验趣味化，这在美国初中主流理科教材《科学探索者》中有生动的体现。

国外研究重点主要放在设计和开发物理实验上。比如备受国际物理教育委员会关注的"自制教具""低成本实验""动手实验"等，虽然说法不同，但这些都是生活化的物理微实验的不同表现形式。在德国的物理实验教学中，低成本物理实验备受重视，整个初中阶段的物理教材中共有 300 多个物理实验，其中除少数几个物理实验由于难度较高由教师向学生演示外，其余大部分实验都属于低成本实验，利用身边的器材，学生可以自己完成实验。"低成本——高技术动手实验"这一概念起初是由德国著名的大学物理教授 Bodo Eckert 提出的，他设计了很多实验，除此之外他还提出物理教学应当联系学生的实际生活，利用生活中常见、易得的材料和物品作为实验器材，再现物理现象和揭示物理规律。

日本大学教师龙川洋二与东京中学教师左卷健男二人合著的《趣味物理实验》一书，详细介绍了很多课外物理小实验，趣味性十足。日本的物理教师在物理教学中更是非常重视实验教学，设计制作了大量的物理小实验。

国外的物理教育对生活化的物理微实验的研究是非常重视的，并鼓励师生主动投入设计和开发物理实验中。

将物理实验生活化、微型化已经成为一种共识，这样做不仅是对常规实验的一种补充，也是在利用生活物品制作实验的过程中予以创新。作为教育工作者，我们应时时关注国外先进的教学理念，把生活化的物理微实验更有效地应用于中学物理的教学。[1]

（二）国内学生自主创新实验的发展

20 世纪 80 年代，朱正元教授针对当时我国物理教学中资源匮乏的情况，亲自动手，设计制作了许多操作简单、效果良好的物理小实验，这些小实验中绝大多数器材来自日常的生活物品。他提出"坛坛罐罐当仪器，拼拼凑凑做实验"。这一时期我国的研究成果显示出"小实验、大智慧"，极大程度地填补了教学中仪器短缺的大缺口，为我国自制教具和物理微实验的发展奠定了坚实基础。随着新课程的深入实施，创新实验在物理教学中的运用得到了广大教育工作者的重视，并取得了系列研究成果。2005 年，张伟、郭玉英、刘炳升等

---

[1]　孙奕莹. 初中生活化的物理微实验的设计与应用研究 [D]. 大连：辽宁师范大学，2018：1 – 3.

人首次提出"非常规物理实验"这一概念，通过对非常规物理实验的特点、功能及教育价值进行探讨，明确其为一种重要的课程资源。三人于 2006 年进一步对物理实验分类研究做了必要性分析，比较了"非常规物理实验""低成本物理实验""自制教具"以及"课外实验"等，进一步明确了"非常规物理实验"概念的内涵与外延。[①] 张军朋等人的《高中物理微型实验》一书，重新定义了物理微型实验，并对微型物理实验的作用、功能、使用方法等做了详细的论述[②]。以汤金波为代表的研究团队发表了《学生自主创新实验是未来物理教学的最优途径》系列文章[③]，对教育学的理论依据、活动策略、步骤、方法以及在此基础上的课堂教改、命题研究等方面进行了系统的研究。

第二节　学生自主创新实验的设计理念和应用方法

随着近年来教学模式和教学方法的革新，物理实验也出现了新的模式——学生自主创新实验。学生自主创新实验是对于课堂教学的一种良好补充与延展。如何利用微实验服务于课堂教学难点突破，利用微实验服务于学生学科素养的发展，利用微实验服务于学生中、高考成绩的提升，是新形势下值得探讨的问题。[④]

一、学生自主创新实验设计应服务于课堂教学

学生自主创新实验设计应服务于课堂教学，更好地突破课堂教学中的部分难点，如个别比较抽象的物理概念、不易理解的规律或不易观察的物理现象。学生自主创新实验简单易行、直观形象，作为课本实验的有益补充，作为难点突破的有效利器，开始更多地走进物理教学课堂。除了新授课，学生自主创新实验还可以服务于复习课、讲评课等其他课型。学生自主创新实验在课堂上出现的形式、进入课堂的切入点、处理的手法都呈现多样化。

学生自主创新实验与课堂教学相辅相成，相互服务。自主创新实验是理解

---

① 张伟，郭玉英，刘炳升."非常规"物理实验概念探讨 [J].物理教师，2006（8）：27－30.
② 张军朋，李德安，全汉炎.高中物理微型实验 [M].广州：广东教育出版社，2011.
③ 汤金波，黄网官.学生自主创新实验是未来物理教学的最优途径 [J].实验教学与仪器，2018（6）：3－6.
④ 高学哲.探讨微实验在初中物理社团中的应用策略 [J].试题与研究，2021（7）：47－48.

物理知识的重要方法，是揭示物理现象规律的重要工具①。学生自主创新实验可以让学生将课堂上学到的理论知识应用到实际项目中，培养他们的动手能力和解决实际问题的能力。这样的实践机会可以加深学生对知识的理解和记忆，还可以培养学生的团队合作能力和社交技巧。学生自主创新实验能培养合作探究能力，自主创新实验通常需要团队合作，学生需要在团队中分工合作、协调沟通。学生自主创新实验能激发学生的学习兴趣。自主创新实验给学生提供了一个探索自己兴趣的机会。学生可以根据自己的兴趣选择实验项目，并在实验中深入研究和探索特定领域的知识。

通过学生自主创新实验构建教—学—评融合，发展学科核心素养的有效路径和方法，能为落实"双减"目标提供一种范式与案例。

二、学生自主创新实验应服务于学生成长

开展学生自主创新实验，引导学生在用中学、做中学、创中学。其本质就是一种高品质的学习活动。让学生学会用物理知识和物理学的方法来解决实际问题，并注意密切关注自然现象，时刻留意生活应用，紧密联系科技发展，始终聚焦自主创新。通过学生自主创新实验，增强学生学以致用的意识。教师可以在物理概念和规律教学中，让教学的内容尽量取材于生活实际，让学生从熟悉的情境中学习知识。

开展学生自主创新实验是培养学生科学思维能力的重要载体。很多自主创新实验材料都来源于生活中的简易物品，例如玻璃杯、易拉罐、食盐、玩具小车等。通过自制探究性学具，激发学生积极主动的思维，并在问题探究和问题解决的过程中，促进学生基于真实情境运用物理知识解决问题能力的提高，促进学生思维能力的培养。

开展学生自主创新实验是培养学生创新素养的重要途径。自主创新实验的开展能让学生经历物理学习探究全过程，促进学生深度思考，借助探究实践来落实物理课程目标中科学探究素养的培育。

通过学生自主创新实验教学，可以更好地落实"双减"，促进实现"减负提质"。该教学提供一系列可供选择的实验项目，让学生自主选择感兴趣的项目进行深入研究和实践，这样可以减少学生的实验压力。通过多样性的评价方

---

① 丁玉祥. 学生自主创新实验的意义、价值与实践路径 [J]. 实验教学与仪器, 2019 (5)：3−6.

法，评价学生自主创新实验应综合考虑实验报告、实验成果展示、实验过程记录等多个方面，给予学生更多样化的表现机会和评价方式，充分展示他们的创新能力和实践成果。

第三节　学生自主创新实验在教学中的应用

爱因斯坦说过："兴趣是最好的老师。"物理学中的概念、规律都是借助实验得到的，因此简易、真实、形象、生动、直观、体验深刻的小实验能给予学生丰富的感性认识①。对于刚接触物理的初中生，他们满怀新奇感，好动、爱思考。实践证明，根据教学的需求和学生的特点，教师和学生共同设计学生自主创新实验并将其应用于教学中，能有效提升物理学科的教学质量，培养学生的学科核心素养。

一、学生自主创新实验在课堂中的应用

（1）开展初中物理学生自主创新实验的模式。如何基于学生自主创新实验开展课堂教学？如图 1 - 1 所示，具体包括从学生自主寻找课题并实施、师生共同开展课例研究等方面。

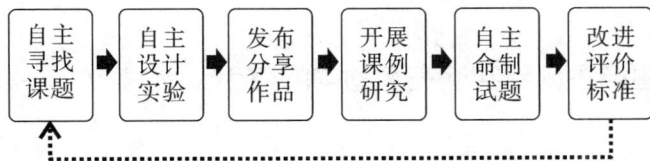

自主寻找课题 → 自主设计实验 → 发布分享作品 → 开展课例研究 → 自主命制试题 → 改进评价标准

图 1 - 1　"学生自主创新实验"研究路径

（2）通过学生自主创新实验这一载体，创生课程资源，促进课堂教学。"双减"背景下以学生自主创新实验为载体的课堂教学改革，充分利用学生自主创新实验作品，形成创新实验案例，形成课堂教学素材，形成网络学习资源。教师尝试在部分教学环节灵活嵌入学生自主创新实验内容，替换原有部分课型的教学方式。

---

① 田素云. 论微型实验在物理教学中的应用 [J]. 物理教学探讨，2019（4）：70 - 72.

（3）建立有效的评价机制，促进学生自主创新实验。"双减"背景下，研究和制定自主创新实验评价标准，用以支撑作品选优活动的进行。研究基于学生自主创新实验的总结性评价，让学生通过反思，改进实验方案，再次提交"创新"实验微视频。

二、学生自主创新实验在作业中的应用

"双减"和新课标背景下，学生自主创新实验是创新作业设计的一个方向，可以以学生自主创新实验为载体进行作业设计和改进。研究物理作业的现状并改进作业设计的形式和内容组织，结合物理学习内容和自主创新实验的特点，尝试对自主创新实验进行分类，具体分为验证性创新、测量性创新、探究性创新。关于实验内容的选择，除了每周三教师的集中研讨外，还收集学生提出的好的实验课题，公布每周实验课题选题目录，以供学生选择。

关于创新实验的课外作业，以周末小组作业的形式去布置会比较合适，这样学生就有更多的时间和空间去思考和合作。教师只需给出实验范围和评价标准，然后各小组学生可以根据自身特点、兴趣特长等，基于物理现象或规律，通过合理猜想，自主提出问题，自主创新设计，全面细致观察，主动合作探究，科学分析论证，从而得出科学结论。在创新实验过程中，各小组还要将整个流程拍摄下来，进行剪辑、配文等，最后上交到班级 QQ 群，由教师点评并帮助其改进。视频制作的过程还能提高学生的文字精简能力和信息技术能力。

三、学生自主创新实验在活动中的应用

以学生自主创新实验为项目的活动包括：学生自主创新实验展评活动、学生创新课题研究活动、学生科技创新发明展评活动等。近年来佛山市教育局为深入贯彻落实立德树人的根本任务，着力培养学生核心素养，鼓励广大学生运用所学知识与技能，以研究课题的方式开展合作探究，培养学生发现问题、提出问题、研究问题、解决问题的能力，增强学生创新与探究精神，例如开展2022 年佛山市中小学生跨学科融合创新研究课题申报工作。顺德区教育局近几年也在大力开展中学生创新课题研究活动。以上措施极大地激发了学生以科研者身份开展学习的热情，学生自主创新实验活动也因此得到蓬勃发展。

学生利用日常器具做实验，开动脑筋，利用自己设计的实验，完成提出的

课题，更有利于培养学生的创新意识和实践能力。[①] 学生完成设计后，教师提供平台开展学生自主创新实验展评活动，让学生体验到动手做实验的成就感，进一步激发学生学习物理的兴趣。

2017 年，佛山华英学校、佛山市惠景中学、佛山市顺德区汇贤实验学校和翁祐实验学校等学校在科技节系列活动中开设了学生自主创新实验类展评、体验活动。学生自主创新实验展评活动，立足于初中学生的知识范围和能力水平，学生自主创新实验器材都源自身边的物品，体现了"从生活走向物理，从物理走向社会"的理念。参展作品在实验立意、实验原理、实验手段、实验方法等方面都有新的创意，有效地培养了学生的科学探究能力，提升了学生的科学素养。同时，在学生自主创新实验的设计或应用过程中，当学生遇到困难时，教师应及时出手相助，老师和学生携手共进，促进师生共同成长。

① 刘春青. 初中物理实验教学创新策略例谈 [J]. 科学大众（科学教育），2017（1）：45.

第二章　学生自主创新实验作业的设计与实施

作为课程有机组成部分的作业是各地课程改革的关键词之一，反映着课程的理念和追求的价值，作业本身是非常重要且有效的教学活动之一，有助于扩充和发展教育的价值。作业与学生学习、教师教学和评价有着千丝万缕的联系，优化作业设计已经成为时代的诉求。物理学作为一门以实验为基础的学科，物理教学对创新人才的培养起到重要作用，初中物理学生自主创新实验作业的设计与实施，是发展学生核心素养，特别是促进学生创新素养发展的关键途径，也将成为教师专业发展水平的重要标志之一。因此，笔者团队对初中物理实践性作业方面进行了长期探索，并在推广应用过程中不断整合、提炼、总结，形成了"基于创新素养发展的初中物理实践性作业设计框架与实施路径"。

第一节　物理作业问题的提出与解决过程

一、物理作业问题的提出

中学物理教学是培养创新人才的基础环节，而作业作为课程的有机组成，承载着提升学生创新素养的重要任务。设计层次分明、类型多样的作业能够充分发挥不同作业的育人功能。然而，我们发现当前初中物理作业还存在书面作业过重、作业时间过长、作业形式单一等问题，作业也成为造成课业负担过重的主要原因之一。

（一）现实问题：物理作业现状不容乐观

初中物理教学是培养学生创新素养的主阵地，但由于缺乏科学的作业设计标准、教师教育观念滞后等原因，教师在教学中侧重知识的讲授，对提升学生创新素养的关注较少，忽视了学生的课外实践；对初中物理课外实践教育资源开发不足，以至于将价值塑造的过程简化为知识记忆。以上种种不仅增加了学生的学业负担，更扼杀了学生对于初中物理的学习兴趣。

结合教学调查发现，初中物理传统作业表现出"三多三少"的问题：一是巩固学生基础知识的作业多，指向学生高阶能力发展的作业少；二是以纸笔书写为主的书面性作业多，以实践操作为主的实践性作业少；三是以教师视角出发的作业多，由学生自主创新设计的作业少。传统作业内容枯燥，缺乏趣味性和挑战度；作业形式单一，无法应对学生能力的差异来因材施教，限制了学生的个性化发展；作业目标低阶，忽略了学生高阶素养的发展[①]。可见，如何打破传统作业的局限，开展满足对创新人才培养需要的作业设计，是改进初中物理传统作业设计需要破解的关键问题。

（二）聚焦育人：学生自主创新实验作业的育人优势

作业设计是全面深化教育教学改革和实现育人功能的重要环节。随着基础教育课程改革对育人目标的升级，作业的内涵、形式、内容和实施要求也在不断发展和提升。2019 年，《中共中央 国务院关于深化教育教学改革全面提高义务教育质量的意见》指出："促进学生完成好基础性作业，强化实践性作业，探索弹性作业和跨学科作业，不断提高作业设计质量。"《义务教育物理课程标准（2022 年版）》指出："应以阶段性学业要求和学业质量标准为依据，设计层次分明、类型多样的作业，兼顾基础性作业和探究性、实践性作业，充分发挥不同作业的育人功能。"上述文件均表明了国家层面对初中物理作业设计的重视。而实践性作业可以有效发展学生的创新意识和创新思维，如何科学地开展初中物理实践性作业设计是改革传统作业和实现育人目标的重要切入口。

初中物理实践性作业形式分为阅读作业、动手作业和写作作业三种类型（表 2 - 1）。阅读作业主要是在新授课、复习课、实验课和习题课的课后，让学生通过查阅相关资料来解决日常生活中遇到的实际问题，能够让学生在查阅资料的同时拓宽知识面，促进学生创新意识的形成，培养学生的创新精神。动手作业是指在新授课、实验课、习题课、复习课和试卷讲评课的课后，学生完成自主创新实验、自制作品等，在这个过程中帮助学生形成创新意识、发展创新思维与创新能力，培养学生的创新精神。写作作业是在新授课、复习课、实

---

① 褚晶. 实践性作业：打开心灵之窗［J］，人民教育，2016（7）：50 - 52.

验课的课后，学生依据笔者团队开发的配套的"学生自主创新实验报告"撰写实验报告或调查报告。准确恰当的实验报告对于实验研究的有效交流起着重要作用，能帮助学生形成创新意识、发展创新思维，培养学生的创新精神。

表2-1 初中物理实践性作业设计的形式与内容

作业形式	作业内容	素养水平	对应课型
阅读作业	查阅相关资料等	创新意识、创新精神	新授课、复习课、实验课、习题课
动手作业	创新实验、作品制作等	创新意识、创新思维、创新能力、创新精神	新授课、实验课、习题课、复习课、试卷讲评课
写作作业	研究报告、实验报告等	创新意识、创新思维、创新精神	新授课、复习课、实验课

二、解决问题的过程与方法

自2016年开始，笔者团队针对学生作业负担繁重、作业形式单一、作业目标低阶等问题展开研究，确定以初中物理学生自主创新实验作业为着力点，以创新素养发展为核心，经历了"调查分析—理论建构—实施应用"三个阶段（表2-2），主要应用文献研究、理论构建、实证研究等方法，逐步探索创新素养的内涵和结构，以及初中物理实践性作业的形式和内容。并在实践推广过程中进一步提炼整合，形成"基于创新素养发展的初中物理实践性作业设计框架和实施路径"，为物理教师开展实践性作业设计提供了可借鉴的理论框架和教学支持。

表2-2 笔者团队开展研究的主要阶段、问题和过程方法

阶段	调查分析阶段（2016—2017年）	理论建构阶段（2017—2020年）	实施应用阶段（2020—2022年）
问题	现实问题：对作业的现状缺乏调研与分析。	现实问题：基于创新素养发展的作业形式缺乏。	现实问题：基于创新素养发展的实践性作业实施不够。

（续上表）

阶段	调查分析阶段 （2016—2017 年）	理论建构阶段 （2017—2020 年）	实施应用阶段 （2020—2022 年）
问题	**研究问题**：初中物理作业存在的主要问题是什么？ 传统作业是否能发展学生的创新素养？	**研究问题**：创新素养包括哪些具体要素？实践性作业是否能成为发展学生创新素养的突破口？	**研究问题**：如何在初中物理实际教学中实施与应用实践性作业，促进深度学习？如何评价实践性作业？如何搭建平台实现作业资源建设？
过程方法	（1）**文献法**：分析已有文献中阐述作业存在的问题。 （2）**调查法**：采用问卷法＋访谈法调查人们对初中物理作业现状的看法。	（1）**文献法**：分析创新素养和作业设计的相关研究。 （2）**理论研究法**：研究创新素养的内涵和实践性作业设计框架。	（1）**实证法**：在师生中开展实践性作业的实施应用。 （2）**资源开发法**：在微信公众号、微信视频号、抖音视频号等渠道搭建平台，开发作业资源。
突破创新	（1）**理念创新**：突破传统初中物理作业形式的束缚。 （2）**方法创新**：调查法和文本分析法相结合对现有作业进行分析。	**理论创新**：①创新素养的结构模型；②实践性作业的设计框架。	（1）**理论创新**：探索实践性作业的实施路径和评价流程。 （2）**资源创新**：搭建新媒体平台共享学生资源，撰写著作，并在佛山、肇庆、汕头和湛江等地推广应用。

第二节　学生自主创新实验作业设计框架

一、创建创新素养的四要素结构模型

　　根据创造力相关理论及初中物理的课程标准，从创新意识、创新思维、实践能力和创新精神 4 个要素出发，构建创新素养的结构模型，该结构模型涉及 12 个基本要点。创新是人类文明进步与社会发展的根本动力，是 21 世纪人才发展的关键特征。在新时代背景下，创新素养是发展素质教育和培养创新人才的迫切需要①，因此，培养中学生的创新素养是基础教育阶段的重要目标。创新素养并非独立于人的一般素养，而是人的综合素养的最高表现。不同研究者对创新素养的内涵进行了不同划分，例如三维结构论认为创新素养包括创新品格、创新思维和创新实践力②；胡卫平等人则提出了青少年科学创造力的结构模型，包括创造性的过程、创造性的品质和创造性的产品③。

　　基于国内外文献的梳理和自身探索，笔者将创新素养分为创新意识、创新思维、实践能力和创新精神四个要素（图2-1）。其中，创新意识包含问题意识、独立意识、合作意识；创新思维包含创新性思维、策略性思维、批判性思维；实践能力包含问题构思、方案实施、分析交流；创新精神包含批判质疑、探索求实、责任担当。

图2-1　创新素养四要素结构模型

　　在此基础上，笔者对创新素养的四个要素进行解构，各从三个维度对相应的要素进行分析，具体见表2-3。

---

①　黄四林，张叶，莫雷，等. 核心素养框架下创新素养的关键指标［J］. 北京师范大学学报（社会科学版），2021（2）：27-36.

②　向雄海. "创新素养"培育课程的三维设计与实施［J］. 基础教育课程，2018（5）：16-20.

③　胡卫平，李吉庆，吉安平. 青少年科学创造力的若干理论问题［J］. 北京师范大学学报（社会科学版），2002（3）：77-79.

表 2 - 3　创新素养四要素结构模型的具体维度及基本要点

要素	维度	基本要点
创新意识	问题意识	学生在实践和探究的过程中遇到不能解决的问题时，产生的一种困惑、疑虑及想要去探究的内心状态
	独立意识	学生能独立自主地思考和行动的心理品质
	合作意识	对合作行动有一定的认知，并且对这一行动具有长期的、稳定的、积极的心理倾向和动力
创新思维	创新性思维	生成新异、有效的问题解决方法的认知系统加工过程
	策略性思维	学生能够基于生活中的真实问题寻求策略性的解决方案
	批判性思维	学生观察某种事物、现象和主张后发现问题所在，同时根据自身的思考做出判断
实践能力	问题构思	学生在实践活动前明确活动目的、思考可能的限制因素
	方案实施	借助材料和仪器，根据已有设计方案完成模型或实物的制作
	分析交流	分析数据，通过与他人交流和讨论收集评价意见及改进思路，优化方案
创新精神	批判质疑	对被认为是错误的思想或言行进行批驳否定，提出疑问
	探索求实	不断探索，拨开复杂的外表求得事物的本质
	责任担当	勇于承担责任

二、构建学生自主创新实验作业设计框架

结合创新素养的 12 个基本要点、作业设计的相关理论和初中物理学生自主创新实验作业的特点，从素养目标、作业形式、作业内容三个维度，立足于整合性、层次性、实践性、高阶性、多样性五个原则，构建初中物理学生自主创新实验作业设计框架，并将作业形式、作业内容与素养目标和对应课型进行匹配。

初中物理的学生自主创新实验作业主要包括体验、调查、实验、制作等形

式，实践性作业相较于习题类作业而言，能够有效发展学生的创新素养，它能够直接将学生置于真实的问题情境中，让学生在情境中发现问题、思考问题并解决问题。

为了有效发挥作业促进学习目标之达成的作用，作业从设计到评价均需科学合理的要素来予以设计和指导，作业设计需要考虑立德树人的根本任务，也需要重视教学规律和学生学习物理的需求。结合创新素养的 12 个基本要点、作业设计的相关理论和实践性作业的特点，构建"三维度 + 五原则"的实践性作业设计框架（图 2 - 2），"三维度"即素养目标、作业形式、作业内容；"五原则"即整合性、层次性、实践性、多样性、高阶性。

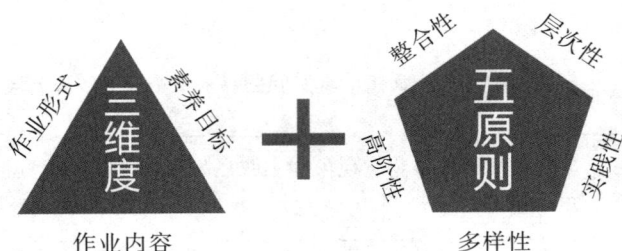

图 2 - 2　"三维度 + 五原则"的初中物理实践性作业设计框架

面向创新素养发展的实践性作业设计以培养学生的创新素养为目标，从作业的内容来看，积极与学生的经验相联系、与现实生活相联系，从而让学生能够通过作业体验来感知学习的意义与价值；从作业的形式来看，作业表现形式的设计同样要求丰富多样[①]，激发不同层次学生的学习兴趣，提升创新意识。初中物理实践性作业设计应遵循五个原则：一是"整合性原则"，作业内容源于初中物理教科书，但不能局限于教材，应将书本内外的资源结合起来，鼓励学生结合书本外的知识进行初中物理相关知识的运用和实践，解决问题。二是"层次性原则"，设计实践性作业时需考虑学生个体的差异性，作业的不同要求充分引导不同层次学生分层学习，实现作业目标的适切性[②]。三是"实践性原则"，设计一些与初中物理相关的综合类学习活动，促进学生在活动中提升

①　胡庆芳. "双减"背景下作业设计的问题分析及标准建构 [J]. 基础教育课程，2021（24）：4 - 8.
②　胡庆芳. "双减"背景下作业设计的问题分析及标准建构 [J]. 基础教育课程，2021（24）：4 - 8.

解决问题的能力和创新实践的能力[①]。四是"多样性原则"，作业表现形式要求丰富多样且富于变化，既要有课外的调查研究，也要有体现创新能力的自主创新实验，以此来丰富作业的内涵，多样作业互为补充，相互融洽。五是"高阶性原则"，实践性作业设计既要关注学生对学科知识的学习，又要重视学生正确价值观的养成；既要鼓励学生参与实践，更要重视对学生创新思维、实践能力的培养。

　　为体现初中物理学生自主创新实验作业的整合性、高阶性和多样性原则，且遵循"双减"政策，鼓励布置分层、弹性和个性化的作业。实践性作业的设计需结合学生的认知发展水平，通过不同层级的实践活动培养学生的创新素养（图 2 - 3）。基础性实践作业由查阅初中物理相关资料、调查报告等活动构成，学生自主查找并整合信息，使自身知识面更广、眼界开阔。让学生在查找信息的过程中感知世界，激发其学习兴趣。拓展性实践作业由设计实验等活动构成，与基础性作业相比，此类作业更强调实践的探究性。拓展性实践作业是基于主题的真实任务情境，以课题的形式开展。学生自主选择感兴趣的初中物理研究课题，以小组为单位进行探究和实践。探究过程中，教师需要对学生自主拟定的问题解决方案进行可行性分析和专业化指导，引导学生整合多学科知识和社会资源，采用科学的探究方法完成课题研究，从而促进学生从多学科视角对学习内容进行整体性认识；在实践中发挥个人潜能，发展实践能力，形成创新意识，培养创新精神。创新性实践作业由自制作品、撰写学生自主创新实验报告等活动构成，此类活动注重培养学生的自主性和问题思维。学生能够结合时代热点和生活问题，运用所学知识，自主发现问题并确定课题研究方向、独立制定解决问题的方案和对策，在解决问题的过程中推动创新素养目标的达成和创新能力的提升。

---

① 张俊波."双减"背景下小学语文能力型综合实践性作业的设计与实践［J］. 教育科学论坛，2022（14）：40 - 44.

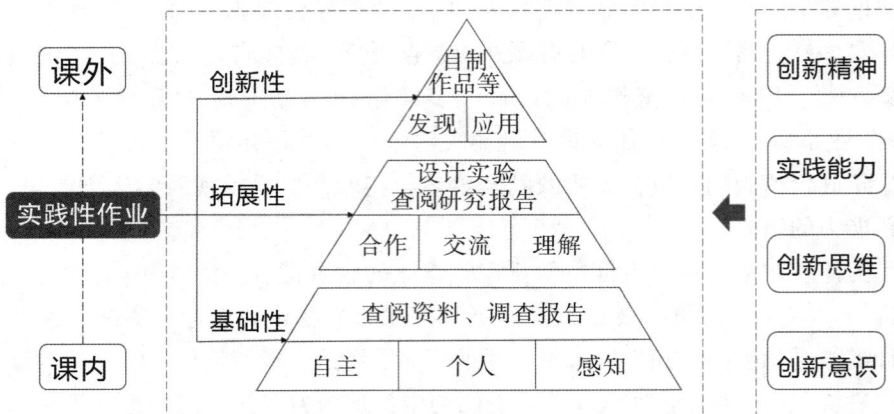

图 2 – 3　　"分层进阶"的多样化实践性作业

第三节　学生自主创新实验作业实施路径

基于创新素养的培养需求和学生自主创新实验作业设计框架，从目标确定、合理选题、实践探究、成果展示四个环节出发确定了实践性作业的七个实施步骤和实践性作业的过程性评价流程，实现教—学—评的一体化设计。

一、学生自主创新实验作业"四环七步"实施路径

学生自主创新实验可以为学生的合作探究创造机会，在实践中开发学生的创造力，使作业真正成为培养学生创新精神和实践能力的载体①，在教学中教师设计实施实践性作业可以有效促进学生创新素养的培养。

创新素养四要素结构模型的具体维度及内涵表构建了基于创新素养发展的初中物理"四环七步"学生自主创新实验作业实施路径（图 2 – 4）。第一环节为目标确定，教师确定此次初中物理实践性作业设计的教学目标，学生确定要达成的学习目标，此过程可以帮助学生在实践活动前明确活动目的。第二环节是合理选题，教师依据教学目标，确定主题，设计多个实践性作业，学生则根据学习目标自主选择相应的实践性作业，在此过程中可以发展学生独立自主思

---

① 杨钟. "综合探究"实践性作业的实施［J］. 思想政治课教学，2015（11）：42 – 44.

考的意识、想去探究的问题意识等。第三环节是实践探究，教师制定分组规则，帮助各小组制订实践方案，监督指导学生实施实践活动，学生合理搭配小组，明确问题指向、制订实践活动方案，合作探究，实施实践活动，此过程可培养学生的合作意识、创新性思维等。第四环节是成果展示，教师汇集作业成果和创新实验报告，评价反馈，学生则可以将实践过程中获得的数据和信息进行整理汇总、归纳分析，然后各小组展示作业成果，并进行自评与互评，评价反馈结果最终帮助教师对此次实践性作业进行优化设计，在此过程中，发展学生分析交流、批判质疑等创新素养。

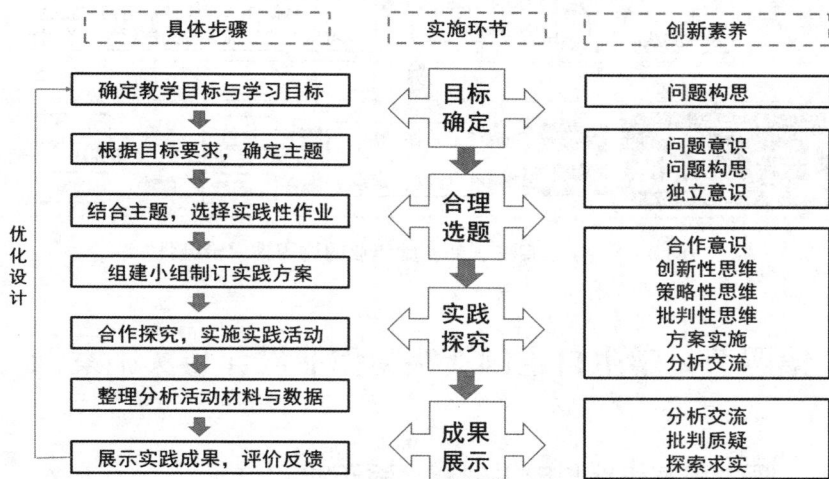

图 2 - 4　基于创新素养发展的"四环七步"学生自主创新实验作业实施路径

二、学生自主创新实验作业过程性评价流程

基于学生自主创新实验作业的实施路径和实践性作业特点，笔者探索了实践性作业的过程性评价流程（图 2 - 5）。第一步确定评价目标：以创新素养为指导，根据作业内容确定教学目标，由此制定评价目标，为后续设计过程性任务、实施过程性评价提供方向性指引。第二步设计实践性任务：教师根据学生自主创新实验作业设计需求设计具体情境下的作业内容及任务，从而设计评价任务，最后构建评价规则。第三步实施过程性评价：与实践性作业实施过程相结合，制定优秀作业评价标准，采取学生自评、互评、教师评价和网络大众评价等多种评价方式，根据所选的评价方式确定数据采集方式（如录像、问卷、

观察、记录等)。分析得到评价结果后,教师及时做归因处理,以合理的方式将评价结果反馈给学生,并适当进行教学干预;学生则在教师的引导下积极反思,调整自己的学习状态和策略。

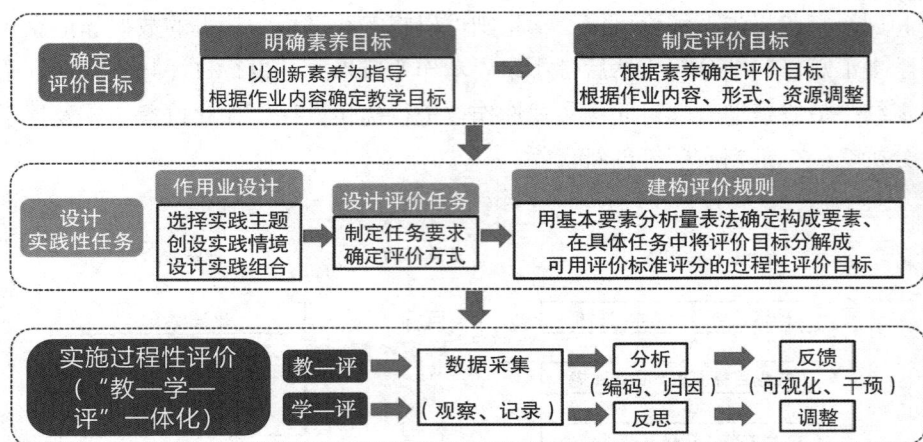

图2-5　学生自主创新实验作业的过程性评价流程

第四节　学生自主创新实验作业设计与实施案例

一、师生和家长参与自主创新实验作业

笔者曾组织学生、家长和老师一起参与自主创新实验作业——"剪音阶"。

探究音调和频率的关系是教学难点,难在缺少体验,会吹唢呐、萨克斯等乐器的学生、老师不多,如何突破这一难点呢? 2021 年,笔者组织所带班级的学生开展了"剪音阶"挑战赛。笔者先在课堂上给学生做一次示范,然后介绍"乐器"的制作,让学生回家实验。家长也非常感兴趣,有像刘同学的家长那样配合孩子实验的,还有像苏同学的家长、邓同学的家长那样自己亲自上阵的。这样的活动一方面让学生在做中学、创中学,完成从理论到实践的转化;另一方面进一步增进亲子关系,培养学生热爱科学的意识和勤于动手的探究能力。潘同学在实验感悟中写道:"这个吹吸管实验很有趣,我的爸爸从不抽烟,但是他今天看我吹这个吸管后觉得好好玩,剪了好多根吸管就搁那里不停吹，噼里啪啦……竟有点像得了烟瘾的人一样……吹了一晚上噼里啪啦的，还傻傻地笑，可能这也算是唤醒他以前的快乐了吧。"黄伟强老师将本次活动制作成视频发布在"学生自主创新实验"微信视频号和抖音视频号上，吸引了不少观众。

2023 学年，"剪音阶"活动继续，除了有学生参加，笔者给工作室成员也布置了"剪音阶"这个实践性作业。教师完成此实验起步快，在工作室群里展开了交流讨论，但实操起来也遇到了不少的困难，有一开始吹不响的，有吹响但不连续的，有吹得连续但配合剪的动作就"乱"了套的……做完本实验后，大家开始思考：如何利用这次活动资源开展教学，从"剪音阶"拓展到唢呐、萨克斯等管乐器发声，其音调与振动的空气长短有何关系。

通过完成本实验，大家都觉得这个实验虽然简单，但很能体现实事求是这一科学精神，一开始大家都明确要求：每个实验者都不搞表演，不搞剪辑，一次拍摄成型就上交。于是就出现了许多次的失败重来，有的老师说快吹"断"气了，有的老师反复练习了几十次。所以本实验也培养了师生迎难而上的品质，不断复盘、反思、改进、优化的探究能力。

【点评】通过剪音阶系列实验，我们反思以下三个问题：

（1）此实验如何做才更容易成功？

系列剪音阶实验，原理简单，方法简单，就是做起来不容易。大概分四步走：第一步是吹出声音；第二步是吹出比较稳定的声音，这一步需要练习吹出较长时间且稳定的气流；第三步是练习边吹边剪（这一步比较难，需手、脑、口配合），多加练习；第四步是拍摄，这一步要做好还得具备较好的心理素质，因为出错了要重来……

（2）新课标如何落实？

所有参与了体验的老师都说做这个实验不容易，也很有收获。"纸上得来终觉浅，绝知此事要躬行"，践行新课标"用中学、做中学、创中学"的理念，我们老师要先行动起来。

（3）如何做好项目，做好工作室？

不忘初心。想想当初参加工作室面试的时候，"我"是如何回答加入这个工作室的原因的？"我"对学生自主创新实验是如何理解的？当初大家一起出发，走着走着，有的同志快跟不上了，这个时候就要告诉自己咬咬牙跟上……专业发展大体如此，从任务驱动到内在行动，再到自觉行动……想轻轻松松取得成功，运气好偶尔一次有可能，长久来看就得沉住气、热爱它、坚持做。

二、跨学科实践类自主创新实验作业

《义务教育物理课程标准（2022 年版）》课程理念中指出"引导学生增强文化自信"，在跨学科实践板块中进一步明确"了解我国古代的技术应用案例，体会我国古代科技对人类文明发展的促进作用"。中华优秀传统文化对延续和发展中华文明、促进人类文明进步发挥着重要作用。教学中应注重中华优秀传统文化的渗透，这是我们教学研究与课堂改革的一个重要方向。在教学中结合教学环节和内容，渗透优秀传统文化；在学生自主创新实验中，设计融入优秀传统文化元素的主题，不仅有利于加深学生对传统文化的了解与认知，增强对传统文化的理解与认同，提升民族自信心和自豪感，还有利于引导学生从物理学的角度诠释、发展和创新传统文化。

杆秤是从我国古代沿用至今的称量工具，"小小秤砣压千斤"体现了我国古代人民的智慧。因此，趁着"五一"小假期，佛山市顺德区沙滘初级中学物理课题组给学生布置了一个作业，即通过观察市场上一些小贩使用的传统杆秤或者家里爷爷奶奶保留的传家宝杆秤，自主创新制作一个天平或杆秤的微课。收到学生的微课成果（图 2 - 6、图 2 - 7）和实验作品（图 2 - 8）时，我们为他们的精心杰作而感叹，作品非常优秀，学生的创意无限。

图 2 - 6　李同学、匡同学、朱同学的《物理制作——杆秤》

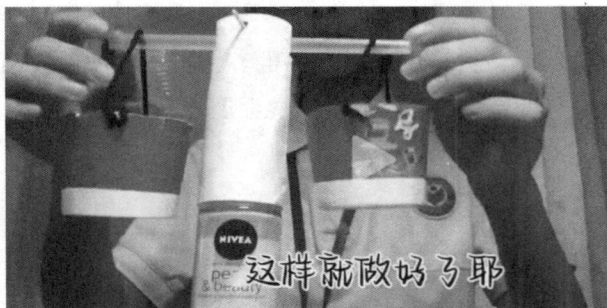

图 2 - 7　林同学、刘同学、邓同学、龙同学的《自制天平》

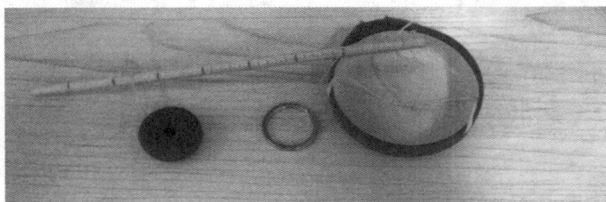

图 2 - 8　优秀实验成果《自制杆秤》

　　每一个微课背后，都包含学生的智慧与创意。构思、选材、动手实验、拍摄、编辑、运用特效，体现了严谨的物理实验思维与高超的信息技术的完美结合。诞生的一个个精美的微视频，让我们汲取知识的同时，也享受了一个个视觉盛宴（图 2 - 9）。

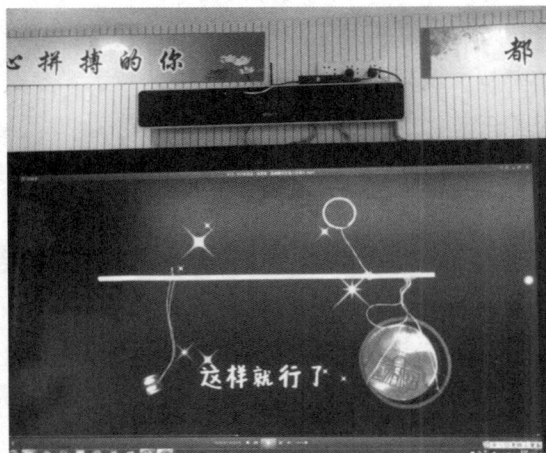

图 2 - 9　精美的微课视频

　　为了让学生更深入了解杆秤的制作文化，蔡燕兰老师在课堂上除了展示杆秤使用方法（图2-10）外还引入《公平的心，精准的秤》视频，让学生明白"人生有尺，做人有度"，并且邀请一位学生展示他的杆秤使用，来一个传统杆秤与现代电子秤的PK。

图2-10　蔡燕兰老师介绍杆秤的使用方法

　　作为中国传统衡器，杆秤在中国应用了数千年，其社会价值不言而喻。在实际生活中，由于杆秤携带方便且能防止买卖被骗，许多农民买卖时会携带一根杆秤，保留原生态、可持续发展的绿色衡量工具，他们觉得使用杆秤比起用电子秤更具人情味，体现的是人与人之间情感的交流。

　　小小的杆秤，从选料、创杆到定点、定盘星、校对，融合了中国人重直观和崇尚简洁实用的智慧，也凝结了大量的精巧工艺技术，蕴藏着丰富的专门知识，具有特殊的科学工艺、历史人文和社会学研究价值。

　　学生们在实验分享中纷纷表示，此次作业不但提高了他们学习物理的兴趣，而且使他们对中国传统文化有了更多、更深入的了解，让他们更切身地收获了实践、探索、创造的经历，增长了知识与见闻。此次作业不但促进了同学之间的感情，而且实验还得到了家人的大力支持，有的家长积极配合，和孩子一起享受实验过程，感受成功的喜悦；有的爷爷奶奶还给学生分享他们年轻时使用杆秤艰苦奋斗的生活故事，鞭策他们努力学习，踏实做人，感恩祖国。

　　本次"双减"创新作业活动，结合新课程，在实施中注重继承与发展，将对学生核心素养的培育融入日常教学，体现了因材施教，培养了学生的创新思维，让学生通过合作动手做实验，培养科学探究精神，提高物理学科素养，把抽象的物理杠杆知识通过可视化的实验形象展示出来，挖掘深埋于学生内心的潜能，放飞学生的想象力，凸显"做中学"，让中华优秀传统文化及精神在年青的新一代少年里传承与发扬。

三、学校开展自主创新实验作业展评活动

新课程改革下的学生自主创新实验，简单来说就是实验的微型化，是一种为了辅助课堂教学而设计的、与教学内容相关、学生能够亲手体验的小实验。学生自主创新实验的仪器原材料来源简单，操作起来没有复杂的过程，使每个学生都能亲手体验，并且实验的现象能以小见大，实现知识的厚薄演绎和信息的巨微转化。

学生身边的物品和器具是重要的学生自主创新实验资源，利用日常器具做实验，有利于学生课外自己动手操作，从而发展学生的独立实验能力。学生开动脑筋，利用自己制作的仪器设计实验，完成自己提出的课题，这样更有利于培养学生的创新意识和实践能力。在这些实验中，学生能充分观察物理现象的发生、发展的全过程，从而反复品味其中的物理原理。学生在自主创新实验的设计过程中遇到困难时，教师应及时出手相助，老师和学生的思想相互激荡，动态生成，使老师和学生成为"成长共同体"。

从 2017 年开始，佛山市华英学校物理教研组开展了学生自主创新实验的研究。学生利用身边的物品设计学生自主创新实验后，教师为学生提供平台进行展示，截至 2024 年 6 月已经成功举办了七届初中物理学生自主创新实验展评活动。

在学生自主创新实验展评活动中，有的学生从实验原理出发，自制了一些新颖的教具；有的学生立足于实验方法，巧妙地改进实验装置；有的学生则从实验途径出发，将信息科技应用于实验之中；有的学生从生活中的小电器入手，巧妙地将生活与物理联系起来。

参赛学生一边陈述自己的创新理念，一边现场演示自己的创新实验。有学生借助原理图解说实验，有学生邀请观众上台体验自己设计的学生自主创新实验，有学生重点介绍实验的改进过程，现场充满思维和理念的碰撞。

图 2 – 11　"特斯拉线圈"学生现场展示

　　"特斯拉线圈"实验小组展示完实验后，面对专家及其他学生提出的问题，显得格外从容淡定，从实验的原理、应用等方面进行解答，令在场的评委、教师们眼前一亮。

　　第五届学生自主创新实验展评活动后，物理教研组针对活动效果对学生进行问卷调查，并引导学生将参赛收获及感想记录下来，以下是部分参赛学生的感想：

　　203 班黄同学：正如我们在实验中所遇到的挫折——光源太弱、小孔太大、纸的遮光不好……都困扰着我们，但我们不断请教老师，通过自己思考发现问题所在，从而解决了问题。就是这样，不经历过失败，哪能有成功？还有，单枪匹马很难成功，但和队友团结起来能发挥出更大的力量。

　　201 班杨同学：在学习光的现象时，我们对平面镜成像产生了兴趣，所以做了这个实验。在实验中，我们先是用普通平面镜，但是这种平面镜做出来的效果误差很大，我的伙伴在经过思考后发现误差来源于器材，于是我们想到更换器材，甚至想到利用水面反射，但最终发现都不可行。最后我们又用没有玻璃的光碟进行实验，进一步缩小了误差，实验取得理想效果。在整个实验过程中，我们小组的成员利用课余时间共同思考、共同分析，不仅增进了友谊，还使我们的团队合作能力、分析能力等都得到了一定的提升。相信此次以三人小组为单位的物理实验，将会成为我们成长道路上的一个里程碑。

　　204 班刘同学：对这个学生自主创新实验制作，我们用三个词概括：思考、总结、启发。

在不懈努力下，我们一路过五关斩六将，顺利挺进了决赛，这也是我们每天奋斗的结果。自从进入初赛后，我们为了保证学习时间，只能中午请假进行实验排练。实验也不是一帆风顺的，刚开始我们的小水车一直出不了水，我们经过思考、讨论、咨询和反复测试，终于解决了这个问题，才有了最终成功的结果！我们享受了成功带来的喜悦，同时也锻炼了动手能力、思考能力，正如普朗克先生所说的："物理定律不能单靠'思维'来获得，还应致力于观察和实验。"的确，从实验中我们获得了很多比书本所记载的更开阔的知识。最后，感谢我们的整个制作组，还有为我们提供后勤服务和拍摄、制作视频的妈妈，成长的路上感谢一直有你们！

206 班钟同学：

千淘万漉虽辛苦，吹尽狂沙始到金。

阳春三月，大地复苏，一年一度的物理学生自主创新实验，也在紧锣密鼓的准备中。

最开始的阶段，我们小组有三个人，为了尽可能地增强人员的专业性与发展组员们的主观能动性，作为组长的我决定增加两名实验技巧更为丰富、心思更为缜密的同学，于是，我们的五人名单就此敲定。

在向组员们讲解完实验原理与过程后，我们便开始了第一次整体组装，因为工具比较简陋，所以无论如何都会漏水，但我们不放弃，用了一根又一根的热熔胶棒，终于把瓶子的开口处紧紧封住。可当我们实验多次之后，惨剧发生了。热熔胶全部都受热脱落，不得不重粘，可是我们都知道，重粘也不会有什么差别，不能长久使用，所以，我们痛定思痛，决定改变实验方案。

一个周末过去了，新的实验方案也在我们可亲可敬的唐老师的帮助下出炉了，这个方案尽可能地改变了整个装置的拼接方式，使热熔胶的使用量大大减少，避免了热熔胶受热脱落的情况出现，使整个装置变得更高效、稳定。同时我们运用 $p = \rho g h$ 这一公式，成功计算出结果最震撼的高差值，大获成功。

比赛已经结束，我相信：只要我们抱有凌云志，定能扶摇直上九万里，在物理这一奇妙的学科获得真知。海到尽头天作岸，山登绝顶我为峰！

从学生的感想中我们可以感受到：通过开展学生自主创新实验展评活动，我们进一步激发了学生学习物理的兴趣，提高了学生的团队合作意识，让更多的学生体验到动手做实验的成就感，使学生也体会到了在做中学、学中思、思中创新的乐趣，无形中培养了学生的创新能力。

华英学校物理教研组老师在组织开展学生自主创新实验展评活动的过程

中，挖掘学生自主创新实验的应用价值，将学生展示的实验作为课程资源，改进教与学，通过课堂演示或者微课教学等方式，提高新授课、复习课与试卷讲评课的质量。

　　案例1：华英学校唐碧珊老师在"大气压强"一课的引入环节，播放学生自主设计的学生自主创新实验视频——"会吸水的蜡烛"，当学生还在为视频中蜡烛熄灭后水被"吸"入杯子的现象感到不可思议时，老师提出问题：是什么力将水压进杯子中？在此环节中，通过展示学生自主设计的学生自主创新实验，不仅活跃了课堂气氛，而且使学生产生了浓厚的学习兴趣，激发了学生强烈的探究欲望，为后面的探究活动做好准备。

图 2 - 12　学生自主创新实验微课教学

　　案例2：华英学校黄子羿老师在给学生复习"浮力"内容时，帮助解决了一道学生普遍觉得困难的 2021 年广东中考试题，但仍有部分学生对答案有所怀疑。为了消除学生的顾虑，黄老师布置学生利用器材设计学生自主创新实验加以验证。其中一位学生把一块橡皮擦放入水中，将身边的硬纸片折成碗状，使橡皮擦漂浮在水中，用记号笔在水面处作记号，接着把橡皮擦从水中捞起并放入碗中，学生能够明显观察到水面上升了。此环节中，教师根据习题内容引导学生创设相应的实验情境，利用学生自主设计的创新实验，帮助学生突破学习过程中的难点问题，提升了复习课的效果。

图 2 - 13　学生演示自主创新实验

四、校际联合开展自主创新实验作业展评活动

本课题组先后于 2022 年、2023 年寒假，举办了两次"寒假中学物理学生自主创新实验展评交流活动"，课题组成员、佛山市刘小丰基础教育名师工作室、伦教街道刘小丰领航教师培育工作室全体成员参与了活动。据统计，活动共有广东肇庆中学、佛山市华英学校、佛山顺德翁祐实验学校、佛山顺德沙滘中学、佛山顺德顺峰中学等 10 多所学校的学生参与，取得丰硕的成果，所有获奖作品均发布在课题组创建的"学生自主创新实验"微信视频号和抖音视频号上，本课题组还为获奖学生颁发了奖品。

（一）"双减"背景下初中物理作业设计——学生自主创新实验展评活动指南

1. 自主创新实验作品

（1）实验选题：学生自主选题。

（2）参与学生：可以是个人独立完成；提倡小组合作完成，但包括小组成员在内，每组不超过四人。

（3）实验安全：注意实验安全，如需用到电、火、易燃易爆物品、腐蚀性强或有毒物品，需在家长指导下进行。

（4）优秀作品标准：①实验目的明确；②实验原理正确清楚；③实验过程清晰完整；④实验数据（现象）真实；⑤视频清晰，表达流畅；⑥鼓励对实验进行评估或者命题；⑦鼓励跨学科融合，或者融入春节、地方和优秀传统文化元素。

（5）评奖：对学校上送的作品，进行初选，通过初选的作品发布在"学生自主创新实验"微信视频号和"学生自主创新实验"抖音视频号上。综合专家打分和作品关注度（浏览数、转发数和点赞数）评奖。给学生和指导教师颁发获奖证书。

（6）提交时间：以参赛学校为单位收集作品，填写汇总表后于 1 月 11 日前发送至指定邮箱。

（7）作品制作注意事项：①时长不超过 3 分钟。②开头语为自我介绍：大家好，我们是来自广东省佛山市顺德区×××学校×××班的×××。③视频容量小于 50M。④要填好实验报告，实验及实验报告文件名均以"实验名称＋学校＋学生姓名"形式命名。

2. 对学生自主创新实验的点评

（1）进入"学生自主创新实验"微信视频号或者"学生自主创新实验"抖音视频号，进行线上点评。必须在文末注明真实的学校、班级、姓名，例如："点评：广东省佛山市顺德区×××学校×××班×××"。

（2）不能抄袭他人的点评，内容和形式大致相同的点评，则以先点评的为优。

（3）评奖：组织专家评委对点评进行打分评奖。

（4）注意事项：遵守网络言论法规，注意文明用语、科学用语。

（5）优秀作品标准：①点评要素完整（原理、过程、结论结果……）；②点评思路清晰；③点评文字精练；④点评创新之处；⑤提出作品不足或错误之处，再提出改进建议。

3. 学生自主创新实验报告

实验名称	
实验准备	
实验操作	
实验数据或现象	
实验结论	
评估	
实验照片	

小组人员	组长：　　　　　组员：	实验时间	

第三章　学生自主创新实验网络平台的创建与应用

第一节　利用视频号、微信公众号为教学服务

视频号是指在各大社交平台或视频平台上注册的个人或机构的专属账号，用于发布和分享短视频内容。视频号的出现为人们提供了一个更方便、更直观的方式来展示其创作才华或分享生活片段。视频号的特点和作用有以下几个方面：

（1）创作和分享：用户可以通过视频号发布自己创作的短视频，包括但不限于搞笑、教育、娱乐、美食、旅行等各类内容，并将其分享给观众和粉丝。

（2）个人或机构品牌建立：视频号可以帮助个人或机构建立自己的品牌形象，通过独特的视频内容吸引粉丝和观众，提升影响力。

（3）视频互动和社交：观众和粉丝可以在视频下方进行评论、点赞和分享，与视频创作者进行互动，并通过私聊等方式与其交流。

（4）平台支持和资源：视频平台通常会提供一些创作工具和编辑功能，帮助用户制作出更富有创意和乐趣的短视频内容。同时，用户有机会获得平台的推荐和资源支持，扩大影响力。对个人而言，拥有一个视频号可以展示自己的才华、分享自己的兴趣。然而，需要注意的是在创作和分享视频时要遵守相关的法律法规，尊重他人的权益，并遵守平台规定，以确保良好的使用体验和内容质量。

微信公众号是腾讯推出的一项服务，旨在为个人、企业和机构提供一个在微信平台上发布信息、传播内容和与其他用户互动交流的渠道。在微信公众号上可以发布文章、图文、视频、音频等多种形式的内容，并能与用户进行互动。通过微信公众号，用户可以及时获取关注的公众号所发布的内容，包括新闻资讯、行业动态、教育知识、娱乐资讯等。同时，用户还可以在公众号下方进行评论、点赞、分享以及与公众号进行私信互动，提问或分享自己的

想法。

从为教学服务的角度看，微信公众号提供的教学教研信息，更适合教师阅读。而学生则更愿意浏览视频号上的微视频作品。所以本项目组分别创建了以面向教师为主的"初中物理实践性作业"微信公众号和以面向学生为主的"学生自主创新实验"微信视频号与抖音视频号。

第二节 "学生自主创新实验"微信视频号与抖音视频号的创建与管理

一、"学生自主创新实验"微信视频号的创建与管理

（1）下载并安装最新版本的微信应用程序，并确保您的微信账号已注册并登录。

（2）在微信首页，点击右上角的"扫一扫"图标，打开扫码功能。

（3）使用另一台设备（如手机或平板电脑）扫描微信视频号的二维码，或者在微信搜索栏中搜索相关关键字找到微信视频号申请页面。

（4）在微信视频号申请页面，填写相关信息，包括账号名称、描述、类别等，并按要求上传相应的资质文件（如身份证、营业执照等）。

（5）确认自己已阅读并同意相关服务条款，然后点击提交申请。

（6）等待微信团队的审核和处理，通常需要一段时间才能完成审核。

"学生自主创新实验"微信视频号和抖音视频号创建于 2020 年 4 月 21 日，由顺德伦教翁祐中学（2022 年更名为"翁祐实验学校"）的刘小丰老师和黄伟强老师创建；随后有顺德伦教汇贤实验学校、顺德伦教周君令中学、顺德均安文田中学、顺德杏坛林文恩中学、顺德乐从沙滘中学、顺德大良梁开中学、顺德北滘莘村中学、佛山市华英学校、广东肇庆中学等学校的老师加入教研联盟，指导学生开展自主创新实验。截至 2023 年 10 月 13 日，"学生自主创新实验"视频号累计发布作品 1 170 件，点击播放 448 805 次，获得点赞 9 110 次，关注人数 1 869 人。

二、"学生自主创新实验"抖音视频号的创建与管理

（一）抖音视频号创建的步骤
（1）第一步，进入手机上的抖音，在主菜单里选择点击"设置"选项。

（2）第二步，进入页面里找到"切换账号"，选择点击打开。

（3）第三步，进入页面里选择点击"注册新账号"，然后填写好相关信息，就可以创建新的账号。

（二）抖音平台的功能和后台的管理
（1）抖音平台功能：通过抖音平台可以创作、编辑短视频，还可以查看其他用户对自己发布的视频的评论和点赞。可以通过抖音与其他用户互动、分享自己的作品。

（2）抖音后台的日常管理。

①管理员可以根据关键词、分类等，快速找到相对应的作品。

②管理员可以了解平台上的数据，包括用户数量、视频数量、点赞数量、转发数量等。

（三）抖音平台作品上传步骤
（1）打开手机上的抖音软件，点击"＋"，选择相册，选择要上传的视频，点击"下一步"。

（2）在视频编辑页面，根据需要可以对视频添加文字、特效、音乐等。

（3）编辑完成后，点击"下一步"，最后输入相关内容，选择"发布"即可。

（四）抖音平台运营注意事项
（1）定期查看用户对发布视频的评论并及时回复。

（2）做好视频分类工作，方便日后查找视频。

（3）在作品发布前，认真看几遍，确保作品没有违法、广告、侵权之类的内容。

三、"初中物理实践性作业"微信公众号的创建与管理

（一）"初中物理实践性作业"微信公众号创建的步骤
（1）打开微信公众平台官方网站。
（2）点击"注册"，进入微信公众号注册页面。
（3）填写注册信息，包括手机号码和验证码等。
（4）点击"注册"，完成账号注册。

（二）"初中物理实践性作业"微信公众号的功能和后台的管理
公众号平台功能：公众号可以向关注者推送图文、音视频等内容，关注者可以对文章进行评论、点赞和转发。

（三）"初中物理实践性作业"微信公众号后台的日常管理
（1）把已发布的文章分类，方便读者快速找到想阅读的文章。
（2）后台可以了解已发布文章的数据，包括点赞数量、转发数量、读者留言等信息。
（3）可根据需要设定 1~5 位长期管理员和 1~20 位临时管理员。

（四）"初中物理实践性作业"微信公众号文章发布步骤
（1）登录公众号后台，点击"新的创作"—"图文消息"，进入文章的编辑页面。
（2）在编辑页面，根据需要可以添加文字、视频、音乐等。
（3）编辑完成后，点击"下一步"，选择"群发"，然后扫二维码确定就可以发布。

（五）"初中物理实践性作业"微信公众号平台运营注意事项
（1）在文章发布前，认真看几遍，确保文章没有版面偏移、错别字、侵权之类的问题。
（2）推送时间：晚上或者下午推送效果最好，因为这些时间段读者有足够的时间来阅读。
（3）做好文章分类工作，方便日后查找。

第三节　学生自主创新实验网络平台的应用

"互联网＋"背景下，无论是课堂演示与学生实验、课后学生自主实验，还是开展微实验展评系列活动，都有了更广阔的创新空间，借助现代信息技术，让学生在实验探究中深度学习。一方面，教师可以通过微信、QQ 等社交平台，利用微课、直播、录屏等功能，实现全方位的远程指导。另一方面，随着物联网技术的迅猛发展，传统的实验教学模式也得到新的突破。虚拟仪器综合运用 3C（computer、communication、control）技术，突破传统实验受时空限制的弊端，为师生提供智能化的教学环境与教学资源①。

一、通过远程"一对一"指导学生自主创新实验

笔者和课题组成员，在开展广东省教育科学"十三五"规划课题——"基于创新实验发展学生物理学科核心素养的实践研究"的研究时，发现在学生利用周末时间进行自主创新实验的过程中，老师通过 QQ 聊天、语音通话、视频通话等工具对他们进行"一对一"指导，能够帮助学生更好地完成自主创新实验，提升学生的科学探究能力。

【案例1】利用 QQ 工具指导学生居家探究小孔成像实验

郑同学的小组在学习完光的直线传播内容后，自主设计小孔成像实验，将实验视频通过 QQ（以下师生交流、活动均在 QQ 中进行）发给老师。老师发现学生用的发光物体是手电筒，光源是一个圆形的光斑（图 3－1），学生根据现象做出了通过小孔成"倒立的实像"这个结论。老师提问："这个物是圆形的，像也是圆形的，你是根据什么现象来判断出像是倒立的呢？"生："确实分辨不出正倒，我只是把结论背了出来。"师："要能明显看出像的正倒，你需要找什么样的光源？"生："用蜡烛，烛焰的形状容易比较正倒。"师："那就改成蜡烛试一试。"

---

① 丘春燕，吴先球. 基于虚拟仪器技术的微小形变远程实验平台设计［J］. 物理教师，2015（3）：50.

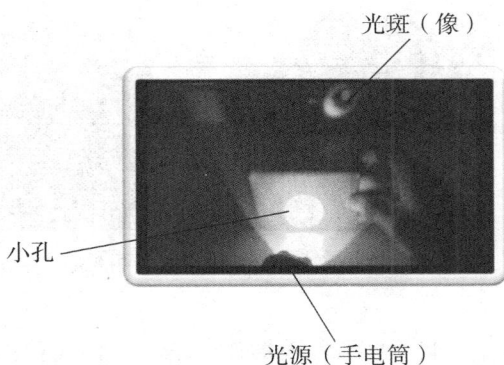

光斑（像）

小孔

光源（手电筒）

图 3 - 1　第一次实验

学生将发光物体换成蜡烛，重新实验，将视频发给老师（图 3 - 2）。老师发现像是倒立的，但很模糊，提问："像的正倒能判断出来了，但你看这个像还存在什么问题？"生："比较模糊。"师："为什么模糊？"学生观察后回答："纸杯是半透明的，光从小孔中射进来的同时，也有部分光从旁边的纸板射了进来，对像的清晰度有影响。"师："如何改进？"

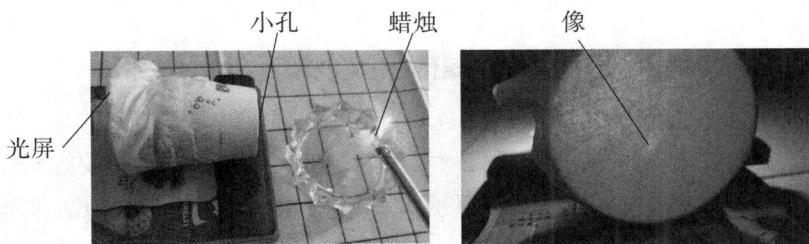

小孔　　蜡烛　　　像

光屏

图 3 - 2　　第二次实验

学生在纸板上增加了一层黑色纸片（图 3 - 3）后，老师再看其发过来的实验视频，发现像比之前更清晰。师："现在像更加明显了，请你总结一下，探究小孔成像实验，选择器材要注意什么？"生："发光物体不能选手电筒，而要选择蜡烛、F 状光源等，便于观察像的正倒；另外开小孔的板要选择不透明的材料。"师："教材上用的是什么材料？"生："易拉罐，……哦！我明白了。"

学生用易拉罐代替纸杯重新实验，此次得到了更加清晰的像（图 3 - 4）。

增加黑色纸片

图 3-3　第三次实验（改进器材）

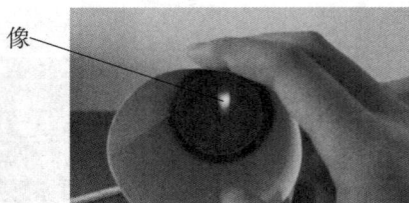

像

图 3-4　第四次实验

点评：学生在家里自主实验，有时候不能一次性成功，这就需要教师在实验过程中给予指导。郑同学的小组设计的小孔成像虽然所用的物理知识简单，但要得到清晰的像并比较像的正倒，这对学生的实验设计能力有较高的要求。教师借助 QQ，对学生实验进行"一对一"的指导，教师不需要到学生家里，学生也不需要来到学校，而是通过学生拍摄视频，教师观看视频，甚至可以视频通话实时观看实验现场。通过问题引领，让学生从找到合适的光源，到得到模糊的像，再到得到更清晰的像，最后感悟教材使用易拉罐的巧妙之处。在这一系列的线上交流过程中，学生不断评估、改进实验，在反思与行动中超越自我。

二、通过"跨时空"实验操作，改进微实验展示活动

优化微实验课程资源，是提高微实验的设计与应用水平的重要途径。而以学生为主的资源开发模式，学生不仅是教学活动开展的主体，其相互交流与合作也可以成为一种特殊的课程资源①。教师指导学生搜集创新实验资源，自主设计创新实验等方式，能激发学生探索物理科学知识的热情，培养学生养成良好的科学问题探索意识与自主学习能力，也为"跨时空"实验操作、指导以后学生的学习做好充分的准备。

【案例 2】跨时空的"剪吸管、吹音阶"微实验挑战赛

为了让学生更好地理解空气柱长短的变化会改变音调。笔者在班上开展"剪吸管、吹音阶"微实验挑战赛，所用的器材就是一根吸管。笔者提供了自己实验的视频和 2020 年八年级学生做本次实验的视频，供 2021 年八年级学生

---

① 蒋卫平. 核心素养理念下高中物理课程资源的开发和应用 [J]. 新课程，2021（31）：46.

参考借鉴，由学生家庭成员协助学生或者学生自己完成此实验。将优秀作品汇总，在"学生自主创新实验"微信视频号展播，受到学生、家长、老师的点赞。

【案例3】跨时空的吉他演奏探究声现象实验接力展示

2020年，学习完声现象后，笔者班上的黄同学小组提出一个创新实验设计，就是用一把吉他来复习声现象相关知识，通过指导，完成了"吉他演奏探究声现象"微实验作品，并在实验的最后提出了一个问题："各位同学，你能用吉他或者其他弦乐器、管乐器来探究声现象吗？期待你们精彩的实验。"到了2021年，笔者将这个视频放到QQ群，供学生模仿与超越，收到了不少的作品，其中苏同学小组也用吉他进行探究，完成了一次难忘的跨越时空的学习与对话（图3-5）。

点评：充分利用往届学生的实验作品，创生实验课程资源，借助现代信息技术，实现了跨时空的实验操作与交流对话，让学生眼前一亮，学生在观看视频时，学习实验原理，熟悉实验过程，同时对学长、学姐们的实验进行讨论、质疑，从而设计出新的实验。而将不同时期学生的同主题作品进行融合，也体现了学生在创新微实验过程中的传承与创新。

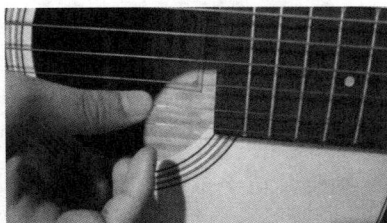

2020年八年级学生实验　　2021年八年级学生实验

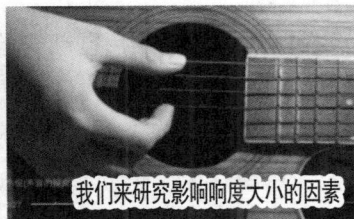

图3-5　吉他演奏探究声现象

第四章　学生自主创新实验在课堂教学中的应用

第一节　学生自主创新实验在课堂教学中的作用和应用策略

一、学生自主创新实验在课堂教学中的作用

（一）在课堂教学中应用创新实验能有效激发学生的学习兴趣

通过"中学生物理学习兴趣量表"调查问卷的前后测（分别在学期刚开始和学期结束时进行）来反映"创新实验"在提高学生学习兴趣方面的效果。本研究采用的兴趣调查问卷已发表在《物理教学探讨》，在使用过程中进行了一定修改。对课题组成员所教的班进行问卷调查，调研发现学生的学习兴趣有显著性差异，说明在课堂教学中应用创新实验能有效激发学生的学习兴趣。

（二）在课堂教学中应用创新实验能有效提升学生的科学思维能力

在物理学习过程中，教师引导学生通过实验探究来消除困惑，从而达到掌握物理知识的目的。讲授人教版八年级《物理》下册"弹力"时，老师提问：用力压桌面，桌面会发生形变吗？能观察到吗？请学生利用课外时间设计创新实验，观察桌面在压力作用下发生的微小形变。学生设计实验并进行实验操作时发现桌面受到压力后，刻度尺上光点并没有明显的移动。学生通过思考、讨论找到原因：由于平放在桌面的平面镜太大，在桌面受压部分凹陷后，平面镜大部分还留在原来桌面的位置，没有发生明显的倾斜，所以反射后光路几乎没有变化，刻度尺上的光点也几乎没有移动。于是，学生通过新一轮的思考、讨论，设计了一个可行的方案：把 2 块平面镜竖放在桌面不同位置，并用支架固定好，用激光笔照射其中一块平面镜，会在刻度尺上看到一个光点。用力压桌面，发现刻度尺上的光点发生了明显的移动，这样就成功观察到了桌面发生的微小形变。通过让学生自主设计创新实验，突出学生的主动性、自主性、创造

性、合作性，不仅能培养学生的动手能力，还能让学生在思考分析中激活思维，加深学生对物理概念、规律的理解，在很大程度上提升了学生的科学思维能力。

（三）在课堂教学中应用创新实验能有效提升学生的探究能力

学生对于教师传授的物理知识或者试题中的参考答案敢于质疑、猜测，能够使学生形成以物理实验作为检验理论正确性的方法的思想意识。例如，有学生出于对试题答案的质疑，就通过创新实验探究来寻找实验的真相。实施实验时，经历了选择器材、设计实验、进行实验、收集数据、分析与论证、评估、与老师交流等一系列探究过程，在思考分析中激活思维，同时提高质疑能力、反思能力、发现问题和解决问题的能力。学生从中培养了实验操作技能、观察能力、分析推理能力、创新能力，最终提升了科学探究能力。

（四）在课堂教学中应用创新实验能有效提升学生的自主学习能力

由于学生个体的差异，部分学习能力强的学生不满足于课堂上学到的知识，因此，教师要重视学生课外问题的布置，引导学生对教材中的实验进行拓展性探究，使学生能从不同角度思考问题，促进学生自主探究、动手实验、求异创新思维等方面学习能力的有效提升。在讲授"光的折射"一课时，学生对光在不同密度的介质中的折射情况充满期待，教师布置学生利用课余时间，设计创新实验进行探究。学生准备了烧杯、蜂蜜 100 ml、甘油 100 ml、松节油 100 ml、水 100 ml、汽油 100 ml、激光笔等实验器材，并设计实验，发现光线在同种不均匀的液体中也能发生折射，折射光线偏向法线。教师创设条件为学生提供获取课堂延伸知识的平台，引导学生亲身经历实验，进而有效地帮助学生开展课外延伸形式的物理学习，为学生高效掌握物理概念和定律营造真实问题情境，培养学生分析问题和解决问题的能力，促进学生学习能力的有效提升。

（五）指导学生开展创新实验研究，能发展科学精神和创新能力

学生开展课题研究是指学生在教师指导下，根据自身的爱好和条件，自主地从学习生活和社会生活中选择和确定研究专题，在开放情境中，通过多渠道主动收集、分析、处理信息，并加以综合应用，解决问题、学会创新，培养能力的学习活动。

为了培养学生的科学精神和创新能力，课题组成员麦俭富和笔者结合八年

级学习内容和自主创新实验的特点，分别指导学生开展自主创新实验课题研究，并挖掘实验作品的价值，提高学生的科学素养。其中麦俭富老师指导赖同学等主持的 2022 年佛山市中小学跨学科融合创新课题"厨房中的微型项目式学习的实践研究"、笔者指导廖同学等主持的顺德区学生创新课题"初中物理实践作业——学生自主创新实验成果"成功结题。学生通过课题研究，发展了科学精神和创新能力。

二、学生自主创新实验在课堂教学中的应用策略

（一）建构融入"创新实验"物理集体备课模型

《义务教育物理课程标准（2022 年版）》指出，在物理教学中我们要注重科学探究，突出问题导向，强调真实问题情境，引导学生不断探索，提高分析问题、解决问题的实践本领和科学思维能力，发展核心素养。而创新实验是发展学生核心素养的重要载体，因此，在集体备课时，我们要时时把创新实验放在心中，在经过教学反馈、主备说课、集体研讨、新课预设后，都要关注是否有创新实验可以开发，努力编制出能让学生进入深度学习的学历案，提升学生的核心素养。具体集体备课流程如图 4－1 所示。

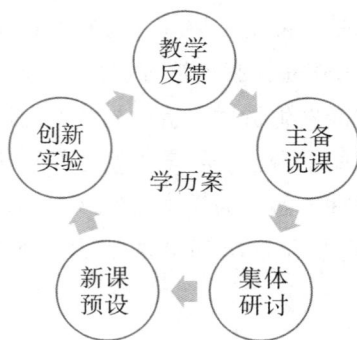

图 4－1　集体备课流程

（二）建构融入"学生自主创新实验"物理新授课、复习课、试卷讲评课模型

在物理集体备课时，我们还要根据不同的课型把"学生自主创新实验"有机融入教学设计中，编制出科学、实用的学历案，建构融入"学生自主创

新实验"物理新授课、复习课、试卷讲评课模型，通过"创新实验"提高学生的实践操作能力、科学观察能力、科学思维意识、发现问题的能力等，培养学生的必备品格和关键能力，发展学生的物理学科核心素养。以下是三种课的模型（图 4 - 2、图 4 - 3、图 4 - 4）：

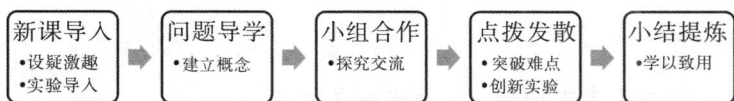

图 4 - 2　融入"学生自主创新实验"物理新授课模型

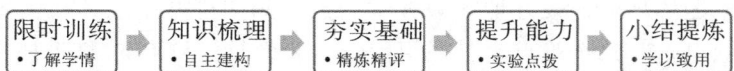

图 4 - 3　融入"学生自主创新实验"物理复习课模型

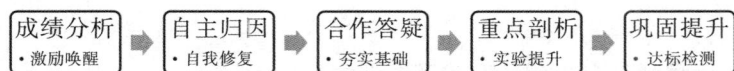

图 4 - 4　融入"学生自主创新实验"物理试卷讲评课模型

（三）运用学生自主创新实验导入新课

教师利用新奇有趣的创新实验，使学生产生浓厚的学习兴趣，激发学生的探究欲望，使学生在一种轻松有趣的氛围中学习，确保教学活动顺利有序地开展。例如符方阳老师应邀在广东省初中物理省级骨干教师高端研修班教研活动中执教了《变阻器》一课的引入环节，通过学生自主创新实验"会眨眼睛的蜘蛛侠"引入新课，为学生创设愉快又充满新奇的物理情境，刺激学生的感官，让学生在体验过程中引发认知需求——为什么通过灯泡的电流会发生变化？不仅活跃了课堂气氛，还使学生产生了浓厚的学习兴趣，激发学生强烈的探究欲望，从而为后面的探究活动做好准备。

（四）运用学生自主创新实验落实教学重点

对于一些比较抽象的原理，教师在课堂上以互动的方式与学生共同构建创新实验模型，让学生有机会经历一次科学家那样的创造思维过程，学生在这个过程中有思考的意愿、学习的动机，这使教学重点内容在师生的互动中得到了很好的落实。例如，滑动变阻器的结构及原理是"变阻器"一课的重点，在传统初中物理教学中，教师通常采取的教学方式是向学生展示滑动变阻器，但这种做法往往收效不高，学生对滑动变阻器的原理仍然比较模糊。为了更好地落实教学重点，符方阳老师借助生活中的塑料管、铜丝等器材，以师生互动的方式进行创新实验模型设计，与学生共同构建滑动变阻器模型，提高了课堂教学效果。

（五）运用学生自主创新实验突破教学难点

物理教学中的难点有抽象程度较高的知识和方法，教师通过创新实验让物理知识有一个生动的、具体的展现，使物理知识直观化、可视化，便于学生提高对抽象问题的理解，较好地突破教学难点。例如符方阳老师在突破"滑动变阻器有效电阻"这个难点时，采用创新实验教具，将 LED 灯带模拟电阻丝缠绕在自制的滑动变阻器模型上，通电后会显示电流路径，使学生能够直观地观察到滑动变阻器在电路中的有效电阻，可视化效果好，对学生的视觉起到了强烈的冲击作用，从而达到帮助学生深刻理解滑动变阻器有效电阻的目的。

（六）运用学生自主创新实验开展课堂学生命题

基于实验情境的命题是中考命题的一种趋势，教师基于课本演示实验和创新实验进行命题，学生基于自己设计的创新实验进行命题，教师将命好的题目保存到题库，并对学生所命的题加以点评，师生命制的优秀题目都可以组成考试卷。教师根据教材创新实验进行命题，符合课标要求，促进了学生对知识的理解，提升了教师的命题能力。学生根据自己设计的创新实验命题，使习惯于做题的他们也可以变换角色当回命题"专家"，极大地提高了学习兴趣。学生自主命一道题的效果可能比做十道题的效果还要好，更重要的是培养学生站在命题者的角度审视题目的习惯，让学生在自主命题过程中提升创新思维能力。教师和学生在命题与感悟中共同成长，大大提升了实验教学质量。

（七）通过学生自主创新实验展评成果生成课堂资源

学生设计创新实验后，教师提供平台开展展评活动，能够进一步激发学生学习物理的兴趣，提高学生的团队合作意识，在成果分享的同时能够让更多学生体验到动手做实验的成就感。例如课题组成员所在学校佛山市华英学校每年3月份会举办"华英学生创新实验展评活动"。学生以小组合作的方式完成一项创新实验探究，拍摄实验视频上交老师，老师遴选出 12 个优秀作品参加展评活动。展评活动分两个环节：①参赛选手解说及展示本小组所做的创新实验；②参赛选手回答专家评委团和学生评委团的提问。展评活动立足于初中学生的知识范围和能力水平，创新实验器材都源自身边的物品，体现了"从生活走向物理，从物理走向社会"的理念。参展作品在实验立意、实验原理、实验手段、实验方法等方面都有新的创意，有效地培养了学生的科学探究能力，提升了学生的科学素养，促进了实验成果的分享。而这些学生自主创新实验作品也成为重要的课堂资源。

截至 2023 年 10 月，"学生自主创新实验"微信视频号、抖音视频号上累计发布学生作品 1 170 个，将学生自主创新实验作品融入课堂教学中已经成为项目组老师的教学常态，其中优质课例超过 100 节。

第二节　学生自主创新实验在课堂教学中的应用教学设计

一、新授课——生活中的透镜

（一）教学设计

教材及课题	人教版《物理》八年级（上）5.2 生活中的透镜		课　时	1 课时
上课教师	顺德区翁祐中学刘小丰		上课地点	顺德区杏联中学
上课时间	2018 年 10 月			

【教材分析】

　　透镜是照相机、投影仪等光学仪器的重要组成部分，透镜对光的作用和凸透镜成像是本章的核心内容。从课程设置上来看，本节课"生活中的透镜"具有承上启下的作用，内容设计体现"从生活走向物理，从物理走向社会"的课程理念。通过介绍透镜在照相机、投影仪、放大镜三种常见工具中的应用，使学生对凸透镜成像的情况获得初步的、生动的、具体的感性认识，感受"物理是有用有趣的"，并为下一节探究凸透镜成像规律创设了问题情境，在知识与技能上做了必要的准备。

　　学生在学习完投影仪、放大镜的内容后，教材设计了实像和虚像这部分内容，并且通过光路图来理解实像和虚像的本质，分析物、像、透镜的位置。

（续上表）

【教学目标】
1. 知识与技能 　　了解透镜在日常生活中的应用，知道照相机、投影仪、放大镜的成像特点。 2. 过程与方法 （1）利用照相机、投影仪模型探究成像的特点。 （2）能简单描述凸透镜成实像和虚像的主要特征。 3. 情感态度与价值观 （1）初步形成将科学技术应用于实际的意识，了解照相机发展历史，感受我国现代顶尖成像水平。 （2）养成乐于探索自然现象和用所学透镜知识解释现象的习惯。
【教学重难点】 教学重点：照相机、投影仪、放大镜成像特点。 教学难点：区别实像和虚像。
【教学手段】 多媒体应用、分组实验、小组合作学习。
【教法分析】 1. 通过模拟照相机、投影仪等实践活动，使学生获得丰富、具体、生动的感性认识。让学生看到事物的本质，有效地化解他们头脑中对光学仪器的神秘感。 2. 通过对照相机、投影仪发展历史的介绍，开阔学生视野，扩大学生知识面，使他们能够更好地理解科学。 3. 通过对放大镜在生活中小应用的举例、介绍，激发学生发明创造的热情。 4. 通过学生小组学习、对话式教学等方式，从多方面、多角度培养学生的能力。
【学法分析】 　　鼓励和倡导学生分组合作学习、自主学习、公开交流。通过有效的合作和畅所欲言的交流，不仅使学生学会知识，还使学生学会交往，学会参与，学会倾听，学会尊重。

（二）教学过程

教学活动	教师活动	学生活动	设计意图
一、导入新课	（1）分组、热身，师生互动。从神奇的"玻璃箱"取出奖品"橘子"，奖给举手最多的学生。提问：为什么看上去很大的物体，拿出来却很小？这个玻璃箱有什么神奇之处呢？ （2）提问：生活中许多仪器、设备、用具上用到了透镜，请大家举例说说看。 （3）提出生活中哪些物品包含凹透镜，哪些装有凸透镜。提出今天探究的三种仪器。	（1）分角色起立、举手，争当高手。思考：玻璃箱是不是凸透镜。 （2）自由发言：举例照相机、投影仪、放大镜、猫眼、望远镜、显微镜、金鱼缸……	（1）借班上课，需要互相认识、营造轻松和谐的氛围，通过"魔术"引入，设置悬念激发兴趣。 （2）紧扣主题，联系生活实际，培养发散思维，引出重点。
二、探究照相机	（1）介绍照相机发展史。 （2）介绍照相机结构。 （3）演示（视频）镜头相当于凸透镜。 （4）介绍数码相机和胶片相机、电荷耦合器件和胶片（拿实物介绍）。 （5）学生练习使用模型照相机（调节至清晰的像），记录像的特点。 （6）引导学生理解"倒立""放大、缩小"的含义，利用光路图分析。 （7）探究如何使胶片上所成的像变大一些。	（1）听讲，了解。 （2）观察，思考。 （3）分组实验，完成导学案。（画出所成的像"F"，比较分析像对比物的特点——倒立、缩小、实像） （4）学生探究，总结方法，将镜头靠近（增大暗箱长度）。 （5）听讲。	（1）了解我国照相技术的发展，渗透情感态度价值观的教育。 （2）了解照相机最基本的三个组成部分。 （3）复习上节课的知识，利用凸透镜对光线的会聚作用辨认凸透镜。 （4）拓展。 （5）自主探究，体验照相机的成像原理，对比观察像和物，归纳像的特点。 （6）利用两条特殊光线，会聚成像，理解照相机成像的实质。 （7）联系生活，应用知识。

（续上表）

教学活动	教师活动	学生活动	设计意图
三、探究投影仪	（1）引入：出示一张胶片。提问：你能将你的胶片上的像放大投影到天花板上吗？ （2）请一组最先找到清晰放大的像的学生上台展示。 （3）提问：有什么办法能将天花板上的像转移到墙壁（A4白纸板）上。 （4）介绍光学投影仪（平面镜的作用）、各种电子投影仪。	（1）学生分组实验。①组装投影仪。②调节物距。 （2）在教师引导下学生说出设计的想法"光路可逆"。 （3）学生总结倒立放大的像。 （4）观察思考平面镜的作用是改变光路。	（1）问题引领。 （2）自主合作探究，发现创新或可示范之处。 （3）进一步深入探究。 （4）巧妙过渡到投影仪，让学生感受发现问题解决问题的过程。 （5）用光路图分析投影仪成像。
四、探究放大镜	（1）引入：刚才我们用投影仪得到了胶片放大的像，大家想想还有什么办法，能看到胶片放大的像？ （2）让学生思考、得到答案（放大镜），然后要求其动手体验。 （3）提问：放大镜成像的特点是什么？ （4）通过视频介绍放大镜在生活中的应用情况。 （5）揭秘课前实验"魔箱"。 （6）提问：放大镜和投影仪都成放大的像，这两个像有什么不同呢？ （7）对比平面镜，用光屏探究。 （8）得出结论：放大镜成虚像。	（1）体验放大镜观察胶片。思考放大镜成像的特点。 （2）观看视频。 （3）学生探究。一人用放大镜观察胶片，另一人在像的位置移动，观察是否能承接到像，从而判断是虚像还是实像。而投影仪和照相机所成的像都能在光屏上承接。 （4）学生展示。	（1）问题引领。 （2）自主探究。 （3）进一步提问。 （4）了解放大镜在生活中的广泛应用，拓宽视野。 （5）前后呼应，学以致用，体验成功。 （6）培养逻辑思维，问题引领。 （7）合作探究。 （8）分析论证。

（续上表）

教学活动	教师活动	学生活动	设计意图
五、巩固练习	巡视，发现典型问题。	学生练习。	共 8 小题，注重双基，考查核心知识与方法。
六、小结提升	提出三个问题： ①你学到了什么? ②用所学能解决什么问题? ③还有什么困惑呢?	学生思考后回答。	培养学生的归纳能力，使其能提出新的问题。
七、板书设计	5.2 生活中的透镜 一、照相机——倒立 缩小 实像 二、投影仪——倒立 放大 实像 三、放大镜——正立 放大 虚像		

（三）教学反思

1. 优点

（1）本节课以学生的活动为主，让学生在活动中经历探究过程，在活动中接受物理知识，并能使学生获得积极、愉快、成功的体验，较好地落实了新课标理念。

（2）对实验进行了大胆的创新，主要体现在：①学生利用模型照相机观察成像特点，观察大屏幕上的"F"效果好；②学生经历了自制幻灯机（成像在天花板）、自制投影仪（成像在墙壁）的实验过程，对投影仪成像特点和平面镜的作用有了更深的理解；③用光屏来探究放大镜成虚像还是实像，令学生印象深刻。

（3）展示了数码相机、胶片相机以及胶片，帮助学生更好了解成像原理和社会的进步。

（4）课前制作了两段微视频，一段判断照相机镜头是凸透镜还是凹透镜，另一段展示生活中的放大镜，让学生更好地理解照相机镜头和生活中形形色色的放大镜。另外，课前魔术用的"魔箱"效果非常好！

2. 不足及改进

（1）在实验器材实验教学方面，有以下 3 点需要改进：

①"魔箱"用四块菲涅耳透镜制成，坐在某些角落的学生的观察效果较差，可以改为由六块透镜制成六面体。

②模型照相机镜头暗箱的可调节距离很少，可以换用焦距更大的透镜做镜头。

③最后可以用一个大透镜做一个演示实验，总结三种应用成像的特点。

（2）在提问方面，不一定每个问题都要追问，也不一定给每个回答问题的孩子都加分，从而进一步突出重点、提高效率。

（四）专家点评

专家点评 1（周璐：中学物理高级教师、广东省佛山市顺德区教育发展中心物理教研员）

刘老师的这节课非常"热闹"，这个热闹要打个引号，不像有的课堂，热闹之后什么东西都没留下。本节课的"热闹"体现在思维是有深度的、内容是扎实的，作为教师，应该干脑力活而不是体力活，应该做智慧的引领者。刘老师做到了这一点，他就像一个领航者，通过有效的提问，注重问题的启发性和层次性，逐步引领学生自主合作，探究照相机、投影仪、放大镜，最后让学生自主分析，发现三者的一些异同点。

本节课最后的一个提问环节很精彩：你还有什么困惑？一位女生提出一个疑惑：物距如何变化，得到的像才会逐渐变大？刘老师对此及时肯定并进一步升华：你是不是想了解像的大小是否跟物距有关？两者间的关系有什么规律呢？进而引出下一节课学习的内容——"凸透镜成像规律"。刘老师和提问学生的这一段对话，为本节课画上一个圆满的句号。

总的来说，这是一节双基教学扎实、实验探究充分、思维训练有深度、精彩高效的示范课，推荐给全区初中物理老师借鉴。

专家点评 2（刘朝明：中学物理特级教师、"广东特支计划"教师、顺德区杏坛镇教研室主任）

我知道小丰课上得好，但观完"生活中的透镜"这节课后，我还是有"这节课出乎我意料的好！"之感，甚至我认为这是一节初中物理课的经典之作，感觉非常值！为小丰，为前来观课的几十位老师，更为听课的学生。这节课精彩之处很多，至少从以下几个方面表现出来。

（1）走心，能紧紧地吸引住学生，激发学生的兴趣。无论是一开始"卖关子"用的把小橘子放大成大橘子的"神器"，还是中间的几个探究实验，或是最后的手机自拍，都设计得很精妙，紧紧抓住了学生的注意力，入心入脑，学生兴趣深厚。让学生在动手实验中、探究中体会生活中的透镜的成像特点。

（2）自主，引导学生主动探索自主建构。目前，我们很多老师课堂上很着急，喜欢直接"告知"，要学生"记住"，作业或考试时"用上"。可往往事与愿违，老师讲了许多遍学生也没记住、不会用。小丰老师的课却充分发挥了学生学习的主动性，引导学生主动去探索、体验、感悟。例如，讲解投影机的原理时，小丰老师分两步走，先设计了一个直投式幻灯机，让学生用手电筒和自制投影机模型把"杏联"两字投到天花板上，然后再增加一个平面镜改变光路，把像投到墙上，投影机原理的教学水到渠成。

（3）追问，在追问中生成知识和规律。提问是我们教师上课常用的方法，但多数教师的提问追求的是答案，忽略了答案后面的"为什么"。小丰老师非常注重追问，在追问中生成知识和规律。例如，对倒立像的"倒立"的理解，学生一开始回答倒立时说是上下颠倒，小丰老师马上追问："仅仅是上下倒过来吗？"从而把倒立像"倒立"的本质揭示出来。又例如，关于照相机镜头，学生回答（书上这样说）照相机镜头相当于一个凸透镜，小丰老师追问："有什么可以证明它真是凸透镜？"并用精彩的视频给予验证。

（4）激励，整堂课每个学生无一不感受到小丰老师的激励。从开始引入新课获奖"大橘"的"高手"，到最终获了大奖的小组。从语言到表情，从记录每一小组的成绩到表扬回答问题或实验探究操作的学生，处处表现出小丰老师对学生的期待和激励，使整堂课师生深度互动。

以上仅仅是我观这节精彩课堂的几个角度，这节课的精彩和成功之处还有待进一步发现。

二、新授课——研究物体的浮沉条件

（一）教学设计

【课题、课时】

沪粤版《物理》八年级（下）9.3 研究物体的浮沉条件（共1课时）

【教材分析】

本节课在学生认识了浮力及了解阿基米德原理的基础上展开，与前面内容构成了完整的浮力知识体系，将重力、浮力、二力平衡、密度等知识联系起来，是力学知识的综合运用。另外，物体的浮沉条件在实际中有广泛的应用，通过本节课的学习，使学生感受到"从生活走向物理，从物理走向社会"的课程理念，深刻认识到物理学的重要性，激发对科学的兴趣。

本节主要内容有：一是通过实验，探究物体的浮沉条件；二是用物体的浮沉条件解释潜艇、气球的浮沉原理和浮筒打捞法。

本节的编写思路是：通过实例——潜水艇在水中上浮、下沉、悬浮的现象，引出课题——物体的浮沉条件是什么？接着设计活动，通过实验观察鸡蛋在不同密度的盐水中漂浮、悬浮、下沉和上浮的状态，在学生感知漂浮、悬浮、下沉和上浮四种状态的基础上，引导学生通过受力分析，利用阿基米德原理和二力平衡知识进行分析讨论，总结出物体的浮沉条件，从感性到理性认识浮沉现象。最后，通过介绍潜艇、气球的浮沉原理，将物体浮沉条件的应用引向广阔的生产、生活空间。

该教材把浮沉条件及其应用放在一起，作为独立的一节，安排在学习完阿基米德原理之后，既保障了知识体系的完整性，又使整体知识脉络更为清晰，重点突出，简洁明了，有利于学生由浅入深地学习。

【学情分析】

在前面的学习中，学生认识了浮力及其产生的原因，了解了阿基米德原理，也储备了二力平衡的相关知识，初步具备受力分析的能力，在日常生活中对浮沉情况和现象有许多感性认识，这些都为学习本节内容提供了有利条件。但本节通过受力分析，比较浮力和重力的大小，需要较强的逻辑思维能力，这需要合理设计鸡蛋的浮沉实验，引导学生分析归纳。同时，根据八年级学生好奇心强的特点，需要设计一些有创意的小魔术、小实验让学生在具体的物理情景中观察、体验，达到激发兴趣、突破难点的目的。八年级学生的逻辑推理能力整体较弱，需要注重引导、鼓励展示。

（续上表）

【教学目标】	

【教学目标】

◆知识与技能

（1）知道物体的浮沉条件，会根据浮沉条件判断物体的浮沉。

（2）知道通过改变 $F_浮$ 或 $G_物$ 可控制物体的浮沉。

（3）能运用浮沉条件说明生产、生活中的一些现象。

◆过程与方法

（4）通过观察实验，认识浮沉现象；通过实验，归纳、运用浮沉条件。

◆情感态度与价值观

（5）通过体验、交流关于浮沉条件在技术上应用的事例，体会科学、技术与社会的密切联系。

【教学重点】

通过鸡蛋的浮沉实验及理论分析，归纳浮沉的条件。

【教学难点】

通过对几个实验的观察、分析，理解、运用控制物体浮沉的两种方法。

【教学策略】

（1）注重实验教学。在教材现有设计的基础上，增加几个小实验，以知识为主线，以实验为载体，激发兴趣，清楚概念，突出重点，熟练运用。

（2）注重探究性学习。结合实验研究法、演示法、启发法、归纳法、多媒体辅助法等教学方法，促进学生学习。

（3）注重合作与展示，给予学生充分的探究时间，发挥学生的主体性。

【实验器材】

（1）演示实验器材：自制浮沉子1套，盐水，重力不同的鸡蛋3个，漏勺1个，探究潜艇浮沉原理器材1套，葡萄干和雪碧，保鲜袋和电吹风。

（2）学生实验器材：探究鸡蛋浮沉实验器材12套，探究潜艇浮沉原理器材12套，自制浮沉子4套，浮筒打捞器材4套，葡萄干和雪碧若干，一次性塑料杯4套。

（二）教学过程

教学环节和内容	教师活动	学生活动	设计意图
一、实验引入	（1）教师表演魔术，"念动能力"控制物体（浮沉子）浮沉。	观察、产生疑问。	（1）魔术引入，吸引注意，激发兴趣。

（续上表）

教学环节和内容	教师活动	学生活动	设计意图
一、实验引入	（2）（提问）魔术背后的秘密是什么？今天这节课，我们一起来研究物体的浮沉条件。		（2）为后面的"探究任务 1：魔术揭秘"埋下伏笔。
二、了解物体浮沉的四种情况	（1）演示实验。依次将三个鸡蛋浸没在盐水中，然后松手，引导学生观察，介绍上浮、漂浮、下沉、悬浮四种情况，重点强调悬浮：物体浸没在液体中，能停留在任何深度。 （2）引导学生对鸡蛋进行受力分析，从运动状态的改变需要力的作用，分析出鸡蛋在盐水中的浮沉取决于所受 $F_浮$ 和 $G_物$ 的大小关系。	（1）观察鸡蛋的浮沉情况，回答问题。 （2）回顾运动和力的关系，分析鸡蛋的受力情况，思考 $F_浮$ 和 $G_物$ 的三种关系，分别对应物体的哪种浮沉情况。	（1）观察实验，了解浮沉的四种情况，过程简洁明了，运用了控制浮沉的第二种方法，也为后面的过渡准备。 （2）清楚物体的浮沉取决于 $F_浮$ 和 $G_物$，为探究浮沉条件做好准备。
三、探究物体的浮沉条件	（1）讲解实验目的、步骤以及要求。 （2）实验过程中巡视、指导。 （3）学生展示后，教师引导交流两个问题： ①鸡蛋从漂浮变为悬浮，$F_浮$ 有没有变化？哪些量发生了变化？ ②鸡蛋从悬浮变为下沉或者上浮，是通过改变什么来控制的？ （4）提出问题：老师演示浮沉的四种情况时所用的三个鸡蛋，出现不同的浮沉情况，是因为什么改变了鸡蛋的沉浮情况？	（1）小组合作，通过操作，记录浮沉情况，通过受力分析归纳出浮沉条件。 （2）展示交流探究成果。 （3）师生交流解决教师提出的两个问题。	（1）通过实验，观察到鸡蛋经历漂浮、悬浮、下沉、上浮的过程，通过对应的受力分析，归纳出浮沉的条件。从感性上升到理性认识。 （2）理解悬浮与漂浮的异同，小结出本实验中控制浮沉的方法是 $G_物$ 不变，改变 $F_浮$。 （3）呼应演示浮沉四种情况实验，过渡到方法二：$F_浮$ 不变，改变 $G_物$。

（续上表）

教学环节和内容	教师活动	学生活动	设计意图
四、探究潜艇浮沉原理	（1）介绍实验器材，明确观察、分析要求。 （2）巡视、指导。 （3）师生交流，指导学生重点围绕$G_物$与$F_浮$的关系来分析浮沉。	（1）小组合作探究。 （2）小组上台展示。	学生经历探究过程，深刻理解潜艇浮沉原理。
五、有趣有用的物理。	（1）分别给不同的小组布置探究任务：①魔术揭秘；②打捞沉船；③观察会"跳舞"的葡萄干。 （2）巡视、指导。 （3）师生交流，通过实物投影显示葡萄干"跳舞"的现象，引导学生分析出$V_排$的变化导致$F_浮$的变化。	（1）完成探究任务。 （2）小组上台展示。	魔术揭秘，前后呼应，激发兴趣。进一步巩固控制浮沉的两种方法。使学生感受科学、技术与社会的密切联系，体验有趣的物理现象带来的乐趣。
六、气球、飞艇升空原理	（1）提出问题，如何让保鲜袋升空？ （2）演示、引导学生分析保鲜袋升降原理。 （3）介绍孔明灯、热气球、氢气球、飞艇。	（1）提出方法。 （2）观察实验，分析。 （3）进一步了解浮沉条件在人类生产、生活中的应用。	在解决液体中物体浮沉问题的基础上，将方法迁移到控制物体在空中浮沉的情况。
七、小结		谈谈自己本节课的收获。	培养学生小结的习惯，一课一得。

【板书设计】

9.3 研究物体的浮沉条件

1. 浮沉条件 $\begin{cases} F_浮 > G_物 & 上浮 \\ F_浮 < G_物 & 下沉 \\ F_浮 = G_物 & 漂浮或悬浮 \end{cases}$

2. 控制浮沉：①$G_物$不变，改变$F_浮$（$\rho_液 g V_排$）

②$F_浮$不变，改变$G_物$

三、新授课——密度与社会生活

（一）教学设计

课题	人教版八年级《物理》第六章第 4 节 "密度与社会生活"			
时间	2018 年 12 月 18 日	地点	伦教翁祐中学	上课教师	广东顺德伦教教育局 刘小丰
教材	分析课标要求能解释生活中一些与密度有关的物理现象。本节是在学习了密度概念及其测量的基础上，进一步学习如何利用密度知识解决实际问题，内容分为 "密度与温度" "密度与物质鉴别" 两个方面。知识线索从风的形成到水的反常膨胀，再到如何通过计算判断铅球是否为铅制造的，通过大量实例说明密度在社会生活中的应用，包含丰富的人文元素，充分体现了 "从生活走向物理，从物理走向社会" 的课程理念。				
学情分析	本次教学为借班上课，超过 60% 的翁祐中学学生为外来务工人员的子女，有较丰富的社会实践能力和经验，学习习惯较好，对于学习物理有兴趣，善于思考，敢于提问与质疑。但是由于刚接触物理不久，学生实验观察、分析推理、语言表达能力不强。				
教学目标	一、知识与技能 （1）能说出空气密度与温度的关系以及水的反常膨胀特性。 （2）知道盐水选种的原理。 （3）80% 的学生能以规范的格式，解决有关物质鉴别的计算题。 二、过程与方法 （1）通过动手做纸风车实验和观察风的形成过程，理解空气与温度的关系，加深对 "热空气上升后，冷空气从四周流过来" 的理解。 （2）通过分析与观察实验，加深对水的反常膨胀的理解。 （3）通过清水选种实验和计算，体会密度知识在物质鉴别中的应用。 三、情感·态度·价值观 （1）进一步认识空气、水在生活中的重要作用。 （2）感受长辈们以及劳动人民在选种时的智慧，珍惜粮食。 （3）体会到密度知识在社会生活中的广泛应用，树立安全意识。				
重点	空气密度与温度的关系，通过计算鉴别物质（解题格式）。				
难点	水的反常膨胀现象及作用，风的形成。				
教法	实验教学法、讨论教学法。				

（续上表）

学 法	自主、合作、探究、展示。
器 材	大塑料袋 1 个，"风的形成"演示装置（自制 1.0 版）一套，酒精灯、纸风车、火柴、稻谷种子、烧杯和玻璃棒若干。

（二）教学过程

教学过程	教师活动	学生活动	设计意图
一、新课导入	展示儿童玩具——风车，设问引入新课。	观察、思考、回答。	激趣，设疑。
二、密度与温度	1. 演示实验"简易孔明灯"。	1. 观察、分析塑料袋上升、下降的原因。	1. 直观感受热空气的上升与冷空气的下降。
	2. 指导学生演示实验（提醒安全操作）。	2. 学生分组实验、观察，思考为什么火焰上方会有源源不断的空气？	2. 看到竖直向上的空气流动，推理水平方向空气的流动，引导学生设计实验装置。
	3. 实验：利用"风的形成"演示装置展示。	3. 学生直观看到冷空气的流动。	3. 通过实验直观显示，验证之前的推理。
	4. 出示结冰的可乐，提出问题，为什么不是热胀冷缩？	4. 学生分析湖水里的鱼为什么不会冻死？	4. 让学生顺着"热胀冷缩"思维推导出错误的结论，引发冲突。
	5. 观看水的反常膨胀实验视频。	5. 观察、分析。	5. 通过实验验证推理。
三、密度与物质鉴别	1. 提出问题：如何鉴别稻谷种子的优劣？播放市场采访视频。	1. 学生思考并说出方法，和视频中的结果对比。	1. 设置情景，引发兴趣与思考。
	2. 指导学生实验，进一步提问：是不是沉入水底的种子都是优良的？	2. 清水选种实验，思考新的方法。	2. 知道稻谷的形状与大小，体会巧用密度区分优劣。

（续上表）

教学过程	教师活动	学生活动	设计意图
三、密度与物质鉴别	3. 播放"盐水选种"视频。	3. 边看边回答问题，巩固知识。	3. 体会如何得到一粒优质种子的物理智慧。
	4. 给出练习题，巡视并发现典型练习。提问：如果算出某种液体的密度是 0.8g/cm³，该液体是酒精还是煤油？	4. 学生练习，赏析同学的答题。	4. 进一步掌握计算题格式，体会精准计算的必要，体会密度不是鉴别物质的唯一方法。
	5. 拓展密度知识在生活生产中的其他应用案例。	5. 了解密度知识在生活生产中的其他应用案例。	5. 了解不同密度材料在社会生活中的应用。
四、总结反思	提出三个问题：①本节课我学到了什么知识？②我用所学能解决什么问题？③还有什么疑惑？	回答问题。	培养归纳能力、学以致用的意识和质疑反思的精神。

四、复习课——物态变化

（一）教学设计

课题	人教版八年级《物理》第六章第4节"密度与社会生活"			
时间	2018 年 12 月 10 日	地点	福建省福州十中	上课教师 广东顺德伦教教育局 刘小丰
中考分析	根据《2018 年福建省初中学业考试大纲（物理)》，物态变化相关考试内容及要求是：能说出生活中常见的温度值，了解液体温度计的原理；会正确使用温度计测量；尝试对环境温度问题发表自己的见解；通过实验探究物态变化过程；尝试将生活和自然中的一些现象和物质的熔点或沸点联系起来；能利用水的三态变化解释自然界中的一些水循环现象；有节约用水的意识。从 2017 年和 2018 年广东省中考题来看，重点是考查对周围常见温度值的估计、对自然现象或者生活生产技术所涉及物态变化的判断，是否了解六种物态变化的吸热、放热，以及沸腾等实验。			

（续上表）

学情分析	本次教学为借班上课，福州十中初中部为福州市晋安区公办初中，学生的学习水平在福州同类学校中属于较高水平，学生学习习惯较好，具有较强的思维能力，但学优生自主命题意识有待进一步提升，本节课为中考第一轮复习，应以夯实基础为主，适当进行拓展，培养学生观察、分析、推理等能力，运用知识自主命题的能力。第二节课则重点突破实验，提升综合能力。
教学目标	一、知识与技能 1. 会从熔化图像中提取熔点、晶体、非晶体、熔化时间、状态等信息。 2. 能根据情景或者现象判断所涉及的物态变化以及吸、放热情况。 3. 尝试以物理实验作为命题素材，围绕核心知识命题。 二、过程和方法 1. 通过观察金属勺的变化，复习熔化和凝固相关知识。 2. 通过灭火器实验教学进一步巩固六种物态变化，提高观察、分析、推理等能力，培养学优生自主命题的意识和能力。 三、情感态度和价值观 1. 通过实验激发兴趣，培养思维。 2. 培养学生防火安全意识。 3. 在实验教学中培养学生善于关注身边有关物态变化的能力，并挖掘命题元素中包含的创新意识。
重点	会判断灭火器实验中涉及的二氧化碳和水的物态变化。
难点	1. 分析白雾（烟）、白霜、白粉末（块状固体）的成因； 2. 了解命题基本技巧之命题思路和文字表达的规范性、严谨性。
教法	实验教学法、讨论教学法。
学法	自主、合作、探究、展示。
器材	①金属镓50 g、温水、注射器、冰袋；②二氧化碳灭火器、易拉罐（12个）、大布袋、防护设备；③一体机电教设备、手机、Plickers软件对应二维码一套。

（二）教学过程

教学过程	教师活动	学生活动	设计意图
一、新课导入	展示顺德美食图片，设问引入新课。	观察、思考、回答。	拉近师生距离，激趣，设置悬念。

（续上表）

教学过程	教师活动	学生活动	设计意图
二、知识构建	引导学生回顾物质三态变化图、边讲解边板书。	回忆、回答，在导学案上完成思维导图。	复习六种物态变化及吸、放热情况，构建知识网络。
三、基础练习	1. 教师演示实验：金属勺的变化。	1. 学生观察、思考、提问、解答、练习。	1. 金属在温水中熔化，然后在冰块上凝固，强烈的视觉冲击引发思考。在探究中复习熔化、凝固及相关知识。
	2. 布置一道练习，利用Plickers软件了解全班答题情况。	2. 学生练习，举印有二维码的小纸片。	2. 此题为福建省2018年中考A卷试题，考查了学生对自然现象中涉及的物态变化的判断及吸、放热情况的了解。
	3. 引导分析课堂导入图片中包含的物态变化。	3. 学生答题。	3. 了解干冰的升华以及水蒸气的液化，为后续的探究打好基础。
四、探究创新	1. 展示灭火器。引导分析器材标识中的信息。	1. 观察、思考、展示。	1. 培养学生读图能力，复习液化的两种方式。
	2. 明确观察目标、内容和思考方向。	2. 清楚观察什么、触摸哪里、思考什么内容、有什么注意事项，为接下来的探究做准备。	2. 培养学生有意识地观察、思考的探究能力。
	3. 教师演示实验（戴好护目镜、口罩、手套，必须强调学生不能长时间握住易拉罐，以防冻伤，并且要小心划伤）。	3. 学生观察：①喷射口处；②从布袋倒出的白色块状物及粉末。	3. 通过新奇与震撼的物理现象吸引学生，创造物理情景，将学生带入创新空间。

（续上表）

教学过程	教师活动	学生活动	设计意图
四、探究创新	4. 发放易拉罐，引导学生在探究中有层次地挖掘知识。	4. 小组合作完成下列探究： ①你观察到了哪些现象？你用手指头轻轻触摸铝罐外壁或者底部的"白色"物质，有什么感觉？ ②此过程中，有哪两种物质的状态发生了变化？分别先后经历了哪些状态？发生了哪几种物态变化？	4. 在具体的情境中，逐步引导学生，揭开新奇现象背后的秘密，培养学生发现问题、分析问题、解决问题、站在命题者的角度观察现象思考命题的能力。
	5. 布置学生命题任务，巡视，发现典型命题并拍照上传。点评学生的命题。	5. 以小组为单位自主命题，上台展示，生生互动。	5. 培养学生站在命题者的角度，命制试题，从而提高学生运用知识的能力和创新思维。
五、总结反思	提出三个问题： ①本节课我学到了什么知识？ ②我用所学能解决什么问题？ ③还有什么疑惑？	学生回答。	培养学生的归纳能力、学以致用的意识和质疑反思精神。

【板书设计】

主板书：

物态变化复习（一）

（续上表）

副板书：
水蒸气 ⟋液化→ 液（白雾）—汽化→气 ⟍凝华→ 固（白霜）—熔化→液—汽化→气 二氧化碳（液）—汽化→气—凝华→固—升华→气（白块、白粉末）
备注：副板书为动态生成板书，先板书"白雾""白霜""白块、白粉末"；后板书"水蒸气""二氧化碳"。

（三）教学反思（略）

五、试卷讲评课——浮力、功和功率测验

（一）教学设计

课题	人教版八年级《物理》第十、十一章："浮力、功和功率试卷讲评课"			
时间	2021 年 5 月 13 日	地点	佛山市顺德区伦教翁祐中学	上课教师	刘小丰
教材分析	本部分内容的课标要求是：通过实验，认识浮力，探究浮力大小与哪些因素有关；知道阿基米德原理，运用物体的浮沉条件说明生产、生活中的一些现象；知道机械功和功率；用生活中的实例说明机械功和功率的含义。 人教版教材充分落实课标理念，认识浮力，探究出阿基米德原理这一核心知识，进一步应用于生活生产中；功是力学中另一个重要概念，教材从什么是功、做功的两个必要因素，到功的定义、功率的概念，节节深入。			
学情分析	八（11）班为课程实验班，学生的学习习惯较好，乐于探究创新，坚持居家进行学生自主创新实验一段时间，测验均分在 80 分左右，但思维能力和解题速度欠缺，对公式的推导、计算还不熟练。			
教学目标	一、知识与技能 （1）会利用阿基米德原理、物体浮沉条件等知识解决浮力相关问题。 （2）能根据已知条件，选择合适的公式解决功、功率问题。			

（续上表）

教学目标	二、过程与方法 （1）能说出解决浮力问题的一般方法：确定研究对象—运动状态—受力判断—受力分析。 三、情感·态度·价值观 （1）通过成绩分析、激励唤醒学生，提高学生自主归因能力。 （2）进一步感悟实验在物理学习中的重要性。 （3）通过引体向上问题的分析，提高体育锻炼意识。
重　点	通过鸡蛋问题巩固浮力知识，解决功与功率相关计算。
难　点	提炼解决浮力问题的一般方法。
教　法	讨论教学法、实验教学法、微课教学法。
学　法	自主、合作、探究、展示。
器　材	密度计两支、盐水和清水各一大杯。
平　台	希沃平台、智慧测评系统（阅卷、讲题）、未名课堂——智慧课堂教学系统（堂练）。

（二）教学过程

教学过程	教师活动	学生活动	设计意图
一、成绩分析	①整体成绩分析；②表彰90分以上、进步大的学生；③激励暂时落后的学生。	听讲、思考、反思。	激励唤醒不同层次学生的学习积极性。
二、自主归因	布置任务，巡视。	自主归因：①本次检测我有多少分会做但是做错了；②印象最深刻的是第几题？失分原因是什么？	激发学生自主"修复"功能，减少非智力因素失分。
三、合作答疑	1. 教师公布得分率低的题 T5、T14、T13、T17（3）、T16（2）。要求学生先解决其他问题。	1. 清楚本小组需要解决的问题。	1. 通过智慧测评系统大数据分析，精准定位。

续上表

教学过程	教师活动	学生活动	设计意图
三、合作答疑	2. 小组合作，教师巡视参与指导。	2. 小组合作答疑。	2. 学生合作解决基础知识问题。
	3. 点名两位学生展示。	3. 上台展示：①谁帮我解决了什么问题？②我帮谁解决了什么问题？	3. 检查合作学习效果。
四、重点剖析	1. 浮力问题：T5，教师演示。	1. 学生听讲、记录。	1. 补漏（密度计）。
	2. 安排两位学生讲解T14，并归纳方法。	2. 学生上台讲题，一题多解；观看一个微课视频。	2. 再次强化对象意识和抓住力与运动的关系解题。
	3. 安排学生讲解T13。	3. 学生听讲、质疑、交流。	3. 提高利用原理设计实验的能力。
	4. 教师讲解T17、T16。	4. 对于T17学生提出第二种解法。	4. 培养学生联系未知与已知的能力。
五、小结巩固	1. 安排学生小结。	1. 思考：我学到了什么？能解决什么问题？还有什么困惑？	1. 培养学生归纳、提问能力。
	2. 当堂巩固训练。	2. 学生使用未名课堂互动系统答题。	2. 大数据即时生成结果，精准定位。

主板书	副板书
浮力、功和功率试卷讲评 一、浮力：研究对象—运动状态—判断（力与运动）—受力分析 二、功和功率： $W = FS$——$Gh = mgh$ $P = W/t$——Fv	流程：成绩分析—自主归因—合作答疑—重点剖析—小结巩固

（三）教学反思：基于"智慧课堂"导向下的试卷讲评课探索之路

本课例基于"智慧测评"系统，通过"成绩分析—自主归因—合作答疑—重点剖析—小结巩固"五个教学环节，促进学生深度学习，实现"激励唤醒、自我修复、夯实基础、提升能力、提炼方法"试卷讲评课教学目标，并通过学生自主创新实验发展创新思维，为智慧课堂环境下优化传统试卷讲评课提供参考案例。

（1）对试卷讲评课的认识：关于物理科试卷讲评课，需要思考以下四个问题：试卷讲评课重要吗？如何促进学生深度学习？如何发展物理学科素养？"智慧课堂"趋势下如何改革？

（2）笔者的试卷讲评课探索之路。第一阶段是自主探索阶段（1999—2016年），该阶段主要是自主设计，产生了不少纠结与困惑，通过反思产生了新的想法。第二阶段是学习探索阶段（2017—2020年），本阶段专注研究，深入学习佛山市华英学校的试卷讲评课，并进行系统思考，在自主实践中变革，期间观摩佛山市骨干教师翁祐实验学校谢斐副校长的示范课，学习他设计试卷讲评课的先进经验。第三阶段是构建实施阶段（2021年至今），项目组多为老师上研讨课，例如李凌云的区级公开课、李建华与连南瑶族自治县的骨干教师的同课异构、笔者的公开课（直播课）等，探索了试卷讲评课的范式。

（3）上好试卷讲评课的策略。一是课前准备的策略，包括做好命题与测试，批阅试卷，进行得分率统计，深入分析学情。二是优化教的设计，包括有清晰的目标（重难点），优化教学环节，有典例讲评，借助智能平台展示学生自主创新实验作品从而突破难点。三是优化学的设计，包括自主反思、合作答疑、学生展示三个环节。四是优化教学评价，包括重视过程评价，指导自主评价，合理安排检测评价。

（4）灵活运用好高品质试卷讲评课五个基本环节（图4-5）。成绩分析—自主归因—合作答疑—重点剖析—巩固提升。

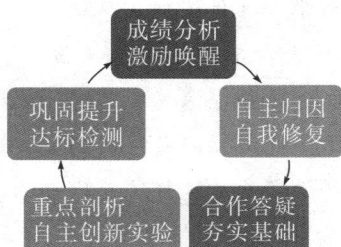

图4-5　高品质试卷讲评课的五个基本环节

（5）智慧教学元素在五个环节的融合。本次课例研究指导专家之一的华南师范大学王冬青博士认为：评价一节课是不是智慧教学，有以下四个层次：第一层次看资源是否得到有效应用；第二层次看是否追求教学结构的转变；第三层次看是否促进了认知目标的达成；第四层次看是否注重学生综合能力的提升。对照以上观点，笔者整理出了智慧教学元素在五个环节中的融合模型（图 4 - 6）。

图 4 - 6 智慧教学元素的融合模型

（四）专家点评

刘小丰老师上了一节真正的物理课，主要体现在：

（1）从设计理念上：活动即学习，学习即发展，在课堂上，学生亲自参与到学习活动中，成为学习的真正主人，教师只是一个活动组织者、思想引领者，通过学生的参与、生生之间的互动，让每一位学生都能专注投入活动中，课堂是学生的活动！

（2）从学习目标的设计上：不是简单的知识学习，更侧重学生掌握物理解题技巧和训练物理学科思维，真正达到学以致用、举一反三的功效。

（3）从学习策略的设计上：学生在自主体验、研讨交流、小结巩固的学习活动中得到发展和提升，这节物理课其实更像一次科学研究活动，以科学规范的步骤去解题，形成策略，最终让问题得到解决，这与科学家们做的科学研究活动是一样的，未来的科学家就是这样培养出来的。

（4）从新技术的应用上：体现了技术与学科教学的深度融合，课前的预习、课中的小测都体现了智慧课堂中大数据的有效运用，教师能够及时、精准地掌握每一位学生对知识的真实掌握情况，让课堂活动有的放矢，起到事半功倍的效果。

（顺德区名师、顺德区杏坛梁銶琚中学副校长张桂荣）

第三节　学生自主创新实验在课堂教学中的应用课例研究

一、"欧姆定律的应用"创新设计——酒精浓度检测仪

欧姆定律内容表述简单、抽象，在生产和实际生活中有着广泛的应用，长期以来都是教学的重点和难点。除了伏安法测电阻外，欧姆定律的各种应用在不同版本教材中均有体现，例如粤沪版中的"短路的危害"、人教版中的"科学世界"栏目均有介绍酒精浓度检测仪。2018 年 11 月，笔者应邀在粤东基础教育物理学科群"名师工作坊"教研活动中执教了"欧姆定律的应用"一课。笔者巧妙使用酒精浓度检测仪引入新课，现场查"酒驾"，并以此为素材引导学生自主命题。本节课教学效果好，对"欧姆定律的应用"的教学是一次有价值的创新。

（一）巧用酒精浓度检测仪导入新课，激发学习兴趣

好的课堂导入能起到沟通情感、吸引注意、激发兴趣、启发思维、明确目的的作用。趣味导入、生活经验导入、实验导入等课堂导入方式更受学生喜欢，本课导入使用酒精浓度检测仪，既切合主题，又轻松有趣，引发联想。

教学过程 1：教师："刘老师来自顺德，顺德和潮州都是美食之都，亲朋好友聚会，品尝美食的同时喝点酒助兴，聚会结束后走出饭店，你们最担心的是什么？"学生："酒驾。"教师："交警是靠什么判断司机是否酒驾的呢？"学生："用仪器。"教师："是的，用酒精浓度检测仪，老师今天就带了一个。"教师出示酒精浓度检测仪："当酒驾者吹气时，检测仪的内部电路中有哪些物理量可能发生变化？"学生："电阻和电流可能发生变化。"教师："很棒，还有吗？"学生："电压也有可能发生变化。"教师："很好，我们之前学过关于电流、电阻、电压三者之间关系的知识是什么？"学生："欧姆定律。"教师："是的，欧姆定律就是描述这三个量之间关系的。酒精浓度检测仪的工作原理就是利用了欧姆定律相关知识。欧姆定律在生活生产中还有很多应用，今天我

们就来学习新的一节——欧姆定律的应用。"

感悟与反思：异地上课，笔者先从两地共同的特点——美食切入，拉近师生距离。以常见的朋友聚会场景引出查酒驾这一生活事例，学生顿生疑问："查酒驾和本节课要学的内容有什么关系呢?"随着教师出示酒精浓度检测仪，学生的兴趣顿时被调动起来，正跃跃欲试，此时教师没有马上组织现场查"酒驾"，而是让学生继续期待，引导学生先猜想在检测的过程中可能发生变化的物理量，让学生带着悬念，先进入本节课的重点——伏安法测电阻的学习。该导入在师生交流中生成，切题、简洁、有趣，令人难忘!

(二)　巧用酒精浓度检测仪查"酒驾"，进行德育渗透

乐于探究日常用品或新产品中的物理学原理，培养学生将科学技术应用于日常生活的意识，是课程目标之一。加强学生法制教育，培养未成年人的安全意识，是德育的重要内容。本节课利用酒精浓度检测仪现场查"酒驾"，是进行德育渗透、提高人文素养的一次有效尝试。

图 4 - 7　"查酒驾"活动

教学过程 2：学生通过实验，得到了"灯丝的电阻随温度的升高而增大"的结论。引导学生从此结论进一步联想，教师："灯丝的电阻会发生变化，那么当酒驾者对着酒精浓度检测仪吹气时，其内部电路中的电阻是不是也会发生变化?"学生："有可能，气体酒精浓度的变化也会导致电阻变化。"教师："原来酒精浓度检测仪里面有一个气敏电阻，它会随着酒精气体浓度的变化而变化。接下来，我们现场用这个检测仪来查酒驾。同学们能不能喝酒?"学生："不能，未成年人不能喝酒。"教师："我们请一位听课的老师上来配合一下。"郑老师上台配合实验（图 4 - 7），喝酒前后分别对着检测仪吹气，通过手机拍摄和一体机的同屏功能，将检测仪屏幕上的信息放大，学生发现，喝酒之后吹气，检测仪发出"滴、滴、滴……"的报警声，同时屏幕上显示"$1.9\ g/L$、danger"的信息。此时，教师："很明显，郑老师体内酒精含量超标了，请同学们给郑老师一个建议。"学生齐声说道："喝酒不开车，开车不喝酒。"全场响起热烈的掌声。

感悟与反思：完成伏安法测电阻实验后，安排现场"查酒驾"活动，既

是欧姆定律应用的延伸，也是进行德育渗透和安全法制教育的好时机。交警查酒驾的情形在电视里看到过，在课堂现场"查酒驾"还是头一回，随着郑老师的上台，学生的学习热情又一次被点燃，这种真实的场景所带来的强烈冲击，让学生深刻体验到科学技术在生活中的具体应用，并对该实验与本节课的内容有何深入联系产生期待。有趣的是在课后的评课交流活动中，一位听课老师发言："平时我总以为喝一两杯酒是达不到酒驾标准的，但今天听课看到现场郑老师喝一小口后，酒精浓度检测仪就报警了，这对我的教育是深刻的，对在座听课的每一位老师的教育也是深刻的。"

（三）巧用酒精浓度检测仪自主命题，提升创新能力

传统的课堂，教师永远走在讲课的路上，机械的讲与练使学生被动学习，思维被束缚，问题意识弱；只重视训练学生解答已有问题的能力，忽视了培养学生发现并提出问题的能力，严重地影响了学生创新思维的提升。利用真实的物理情景，引导学生站在命题者的角度，自主设计问题，极大地提高了学习的兴趣，也降低了创新教育的难度。

教学过程3：在"查酒驾"结束后，教师出示一段关于酒精测试仪的材料，要求学生以小组为单位自主命题，要求如下：小组合作，假设你们是中考命题专家组，命制一道填空题，要想好参考答案，然后全班展示交流。文字材料如下：

目前，世界上大多数国家都采用呼气式酒精测试仪，对驾驶员进行现场检测。酒精测试仪中装有酒精气体传感器。酒精气体传感器是一种气敏电阻，它的阻值随酒精气体浓度的变化而变化，从而引起电路中电流和电压的变化。驾驶员呼出的酒精气体浓度越大，测试仪中电压表的示数也越大，如图 4 - 8 所示。

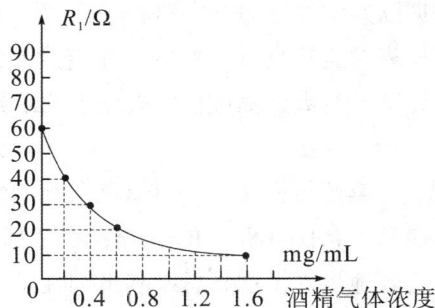

图 4 - 8 气敏电阻 R_1 随酒精浓度变化的曲线

几分钟后，找出典型题目展示，命题组点名其他组的同学来做题，然后判断对错，对题进行赏析，先欣赏该题的优点与成功之处，然后剖析该题存在的问题和不足，提出修改的意见。下面是某组学生命制的题：

学生命题作品1：酒精浓度增大，气敏电阻阻值_____（选填"增大""减小""不变"），当酒精浓度为0时，气敏电阻阻值为_____。

学生读题后回答：（1）减小，（2）60 Ω。大家认为本试题围绕气敏电阻的特性考查读图能力，但对图像和文字材料的挖掘还不够，可以进一步考查欧姆定律的应用。教师继续引导学生尝试先画出电路图，再设计问题。各小组继续命题，教师在巡视时发现某小组命制的题很有特色，试题如下：

学生命题作品2：酒精测试仪工作原理如图4－9甲所示，电源电压保持8 V不变，R_1为气敏电阻，定值电阻R_2为30 Ω不变，当某次检测时，电压表示数为2 V时，求气敏电阻的阻值和酒精气体的浓度。

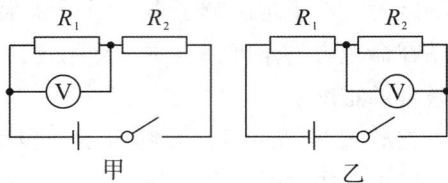

图4－9

此题考查了欧姆定律的应用，要求答题者具有较强的读图能力，并熟练掌握欧姆定律和串联电路相关规律，是一道有创意的好题。学生发现电路图中电压表的连接是有问题的，不符合材料提供的信息——"驾驶员呼出的酒精气体浓度越大，测试仪中电压表的示数也越大"，应该将电压表接在R_2两端（图4－9乙）。

感悟与反思：让习惯于做题的学生变换角色当回命题专家，经历"自主命题，合作赏析"的过程，在欣赏中借鉴，在剖析中改进，在反思中提升，有效地培养了创新思维和批判性思维。学生自主命一道题的效果可能比做十道题的效果还要好，更重要的是培养学生站在命题者的角度审视题目的思维。在自主命题过程中，通过对问题的提出、设置、描述和解决，形成问题意识，敢于批判和大胆创新，最终实现创新思维培养和物理教学的完美结合。

在课的最后，播放一则媒体报道的新闻：某公交车公司禁止司机早餐食用蛋黄派，理由是吃了蛋黄派后容易导致酒驾。司机吃蛋黄派会导致酒驾，这是真的吗？此问题巧妙地引导了学生将探究从课内延伸至课外。

反思本节课，酒精浓度检测仪在整堂课的巧妙使用让教与学更精彩。伏安法测电阻是常规实验，以酒精浓度检测仪为载体的系列活动则体现创新思维，在创新实验和常规实验过程中，学生提高了实验能力，提升了物理思维。酒精浓度检测仪的使用，体现了"从生活走向物理，从物理走向社会"的课程理念。通过创设新颖有趣的物理情景，在课堂导入部分，检测仪只是简短地亮相，让学生期待。在伏安法测电阻的评估与交流阶段，进行知识迁移，巧妙地引出现场"查酒驾"，让现场师生的探究兴趣达到高潮。"查酒驾"之后的自主命题，让学生从酒精浓度检测仪"报警"的现象中探究其工作原理，以专家的身份进行命题创新，有效地提升了创新能力。在教学设计时，结合教学内容，挖掘生活中常见用具的价值，站在物理学的角度对其进行探究，往往会有意想不到的效果，课堂自然更加精彩！

二、巧用创新实验　培养物理思维——"物态变化"复习课的感悟与反思

物理思维是学生学科核心素养的重要元素，是学生在物理学习过程中，主动地运用知识、方法和思想，通过判断、推理、论证等手段来解决问题的心理过程。实验教学是培养学生物理思维的重要载体，创新实验是激发兴趣、培养思维、提升创新能力的重要途径。在中考总复习阶段，巧妙地设计创新实验，可以避免学生因一味地应试"刷题"而产生倦怠，使学习更高效。2018年12月，在北京师范大学课程与教材研究中心组织的一次初中物理教研活动中，笔者上了一节"物态变化"复习公开课，该节课分为"新课导入—知识构建—基础练习—探究创新"四个环节，笔者在"基础练习""探究创新"环节中，分别设计了"神奇的金属勺"和"二氧化碳灭火器"两个创新实验，让学生在观察实验、提出问题、推理分析、自主命题、互动赏析等活动中，掌握物态变化核心知识，培养思维的深刻性、灵活性、批判性，提升逻辑思维，创新思维能力。

（一）让学生在观察演示实验过程中提升思维品质

本节复习课没有采用传统讲题做题的复习模式，而是通过创新演示实验，激发学生学习兴趣，让学生在猜想、质疑、观察、分析、交流等学习过程中，既高效地复习了核心知识，又培养了科学探究能力。

案例 1：在观察熔化和凝固创新实验过程中提升思维品质

教师出示一个金属小勺，敲击桌面后说："有什么办法将这个金属勺子熔化？"部分学生："加热。"教师："如何加热？"学生"烧。"教师："为什么要烧？"学生："金属的熔点很高。"教师："如果我将这个金属勺放到温水中，它会熔化吗？"学生："不可能！"教师："试试看。"然后将温水倒入烧杯中，将手机镜头对准烧杯，用同屏功能将烧杯放大投影在屏幕上，将金属勺（已涂成红色，便于观察）缓慢放入烧杯中，当金属勺"不可思议"地熔化时，学生纷纷感叹"哇！""太神奇了！"……还有惊讶的眼神。此时教师提问："金属熔化的条件是什么？"学生："达到熔点，继续吸热。"教师："金属是不是要烧才能达到熔点？"学生："不一定，有的金属的熔点比较低。"教师："是的，我们今后考虑问题要更全面。接下来要将液态金属变成固态，有什么办法？"学生："降温、冷却。"教师："具体怎么做。"学生："放到冰箱里去。"教师用注射器抽取温水中的液态金属，再注入事先准备好的自制"冰箱"中，观察液态金属的凝固，此时教师提问："金属凝固的条件是什么？"学生："达到凝固点，继续放热。"教师："同学们想知道这种神奇金属的名称吗？"一位女生说："老师，是金属镓。"教师："真棒，你具体说说。"女生："在网上查到的，金属镓的熔点大约 30℃，放在手上一会儿也会熔化，镓的应用非常广泛。"女生的话音一落，全班响起热烈的掌声！教师："其实还有其他金属或者合金也像镓一样——熔点较低。"

感悟与反思：传统的熔化实验常使用冰、海波、萘、石蜡等物质，很少用到金属。本实验采用了金属镓做的勺子，因为在学生看来金属勺是坚硬且耐高温的，可就是这样"常见"的勺子，遇到温水就熔化了，与学生的生活经验形成冲突，本实验所带来的强烈的视觉冲击，让学生感叹之余刻骨铭心，同时也培养了思维的全面性和深刻性，即认识到——熔化的条件是达到熔点并且继续吸热，不是所有金属的熔点都很高。教师在追问中培养学生的逆向思维，从熔化联想到凝固。最后这位女生的介绍让我们眼前一亮，加深了大家对镓的了解，也激发了大家的兴趣。教师的补充更开阔了学生的视角。

案例 2：在观察灭火器"灭火"实验中自主探究

这个环节笔者巧用二氧化碳灭火器，设计了"读图分析—观察体验—推理分析—自主命题—互动赏析"五个活动，学生的思维能力在循序渐进的探究过程中得到有效提升。

（1）读图提取信息，提升分析推理能力。教师展示灭火器："请同学们观察商标，这是一个什么类型的灭火器？"学生："二氧化碳灭火器。"教师："请同学们观察技术参数，钢瓶中装的主要物质是什么？"学生："二氧化碳。"教师："二氧化碳在常温常压下是什么状态？"学生："气态。"教师："钢瓶中的二氧化碳是什么状态？"学生："液态。"教师："如何证明？"学生："摇一摇。"安排学生代表上台摇晃钢瓶确认。教师继续追问："液化的方式有哪两种？"学生："降温和压缩体积。"教师："钢瓶中的液态二氧化碳是用哪种方式获得的？"学生："压缩体积。"

感悟与反思：挖掘常见的灭火器的教学价值，引导学生通过观察、推理、动手触碰等方式自主验证钢瓶中的二氧化碳是液态，并且得到是通过压缩体积的方法将二氧化碳液化的结论。这种基于具体实物情境的教学方式比起做题讲题的方式，效果好得多，培养了学生读图提取信息的能力，在追问中复习了液化的条件，提升学生的逻辑思维能力，也为下一步的教学做好准备。

（2）自主设计实验操作要点，提升思维的全面性和观察能力。在教师操作灭火器"灭火"前，让学生思考应该考虑哪些安全防护措施。在学生的建议下，老师戴上手套、口罩和护目镜。以易拉罐作为假想的火源，将多个易拉罐放入布袋，然后将灭火器的喷筒插入布袋中对准易拉罐，拔出保险销。在按下压把前提醒学生注意观察布袋周围有什么现象发生？还有布袋里面会出现什么物质？接下来是教师"专业"的"灭火"（图4-10），学生凝神聚气地观察。

图4-10 教师示范使用灭火器"灭火"

感悟与反思：用二氧化碳灭火器来制取干冰的实验曾经有老师做过，从实验器材上来看似乎没有多大创新，但本实验的创新点在于：将 12 个易拉罐装入布袋，随着二氧化碳的喷出，易拉罐内外均会留下明显的物态变化后的物质，这就给接下来的小组合作探究提供了有趣的观察对象。

虽然是模拟灭火，但也要让学生估计可能存在的危险，采取必要的防护措施：喷出的灭火剂会很冷，所以要戴上防冻手套；实验会产生大量浓"烟"，所以要戴上口罩和护目镜。这些既是安全教育更是对学生思维全面性的培养。在安全演练中学生体验灭火过程。从物理学习的角度来观察这个过程，学生很有兴趣，这就要引导学生对布袋内外的现象都进行仔细观察，获得信息并产生疑惑，为接下来的深入学习做好铺垫。

（二）让学生在分组体验互动交流中提升探究能力

在演示实验后，教师需要引导学生深度观察，主动参与，合作交流，对现象进行深入分析，透过现象看本质，提升探究能力。

案例 3：在分组观察、触摸易拉罐后的互动交流中自主构建

实验结束后，给每个小组发放一个易拉罐进行观察。教师："观察到了哪些现象？"学生："罐壁和底部有白霜，罐内还有白色的粉末和块状物。"教师："你用手指头轻轻触摸铝罐壁或底部的白霜，有什么感觉？"学生："黏手。"接下来，教师在大屏幕上展示三个问题：①有哪两种物质的状态发生了变化？②它们分别先后经历了哪些状态？③发生了哪几种物态变化？学生开始进行小组讨论，并将结果记录在导学案上。5 分钟后开始展示，通过教师追问的形式，引导学生从现象开始，逐步推理出二氧化碳和水蒸气这两种物质发生的一系列的物态变化。下面是师生关于分析二氧化碳变化过程的一段对话：

教师："罐内的白色粉末是冰还是干冰，为什么？"

学生："应该是干冰，就是固态二氧化碳，因为它没有融化成水，而是直接变成了气态二氧化碳。"

教师："很好，那么干冰是怎么形成的。首先从瓶内的二氧化碳说起，它是什么状态？"

学生："液态。"

教师："喷出来后变成什么状态？"

学生："气态。"

教师："这是什么物态变化？"

学生："汽化。"

教师："在这个过程中是吸热还是放热?"

学生："吸热。"

教师："对的,要吸收大量的热,使周围迅速冷却,这就是你们摸到的易拉罐很冷的原因。那么气态二氧化碳还会发生什么变化呢?"

学生："发生凝华,变成干冰,一会儿又升华成气体。"

最后让学生再梳理一次二氧化碳从瓶内到瓶外之后的物态变化过程。

感悟与反思: 实验教学就是指导学生通过实验观察和分析,引导学生用物理的思维方法去探索、构建知识。本实验中出现了多种现象,有"白雾""白霜""白色粉块"等,有的现象转瞬即逝,有的逐渐消失,教师需要引导学生有条理地分析,首先是判断整个过程中只有水和二氧化碳两种物质,然后分析各自先后出现的不同状态,进而推理出对应的物态变化名称。这种化繁为简、由易到难的分析过程就是学生思维提升的过程,在师生互动中,教师动态生成板书(图4-11),这种板书有别于传统的知识要点归纳式板书,将学生的逻辑推理思维外显,完美地展示了物态变化过程,让人眼前一亮,是本课的又一创新之处。当全部板书写完后,学生惊喜地看到,就是这个简单的"灭火"实验,竟然包含了物质三态及其间的全部六种物态变化,这种体验无疑是深刻的。

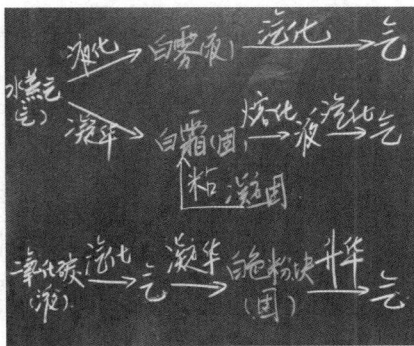

图4-11　教师板书

(三) 让学生在自主命题过程中提升创新思维能力

传统的复习课堂,机械地讲与练使学生学习被动,思维被束缚,只重视训练学生解答已有问题的能力,忽视了培养学生发现、提出并解决问题的能力,严重影响了学生创新思维的提升。一般的实验教学,在实验结束后只是进行分析论证和适当的练习拓展，本课例在实验之后，教师没有布置练习，而是进一步引导学生站在命题者的高度，利用探究所取得的成果自主命题，这就极大地提高了其学习的兴趣，也降低了创新教育的难度。

案例4：在"自主命题，合作赏析"过程中培养创新思维和批判性思维

学生以小组为单位，自主命题，要求如下：小组合作，假设你们是中考命题专家组，请以二氧化碳灭火器实验为素材，命制一道填空题（①～③空），要想好参考答案，然后全班展示交流。几分钟之后，展示并自主解答典型题目。接着引导学生赏析试题，欣赏该题的优点和成功之处，剖析该题存在的问题和不足之处，提出改进的办法。例如：

二氧化碳从钢瓶喷出时是①_____态（选填"固""液""气"），然后经历②_____（填一种物态变化名称）变成③_____态（选填"固""液""气"）。

学生读题后回答：①液，②汽化，③气。命题组认为是正确的，肯定命题的格式和想考查的知识点是合理的。然后引导学生剖析，有学生提出题干中的"时"字表达不明确，建议改成"前"就更加严谨了。在此启发下，又有学生提出，还可以将"时"字改为"后"字，大家发现，将"时"改成"后"，一字之变，答案完全不同（就变成了①气，②凝华，③固）。命题组的学生在反思时说道："我们以后无论做题还是命题的时候，都要注意每一字或者词的表达，一个字的变化可能就导致答案的不同。"

感悟与反思：有了前面实验观察、分析的铺垫，习惯于做题的学生也可以变换角色当一回命题专家。先后经历自主思考—组内交流—合作命题—班内展示—答题判断—欣赏优点—剖析不足—改进与反思的过程。在欣赏中借鉴，在剖析中改进，在反思中提升。

在课堂小结中，一位学生说："这节课我最大的收获是感受到物理源于生活，生活的许多方面都包含着物态变化的知识，我们要善于将所学的知识应用到生活中，解决实际的问题，大胆尝试自己命题……"这就是笔者想达到的教学目标。感悟与反思本节课：培养物理思维从创新实验出发，学生在观察演示实验过程中提升了思维品质，在对实验现象的分析、交流中自主生成结论，提升了探究能力，在基于实验情景的自主命题过程中增强了问题意识，在批判和创新中发展了创新思维。

三、在探究学习中提高学科核心素养——对"大气压强"示范课的感悟与反思

物理学科核心素养包括物理观念、科学思维、科学探究和科学态度与责任。科学探究学习方式是提高学生学科核心素养的一种重要而有效的途径，实验是科学探究的重要方式之一，而创新实验更能激发兴趣、培养学科素养。2018 年 12 月，在北京师范大学课程与教材研究中心组织的一次初中物理教研活动中，笔者听了特级教师金武军的一节"大气压强"示范课，该节课采取探究学习方式，围绕"大气压的存在—测量—应用"教学主线，以覆杯实验、吸盘挂钩、托里拆利实验等常规实验，吸管运水、简易抽水机、神奇的气球等创新实验为载体，让学生在动手、观察、提问、推理、分析和创新中掌握大气压强核心知识，提升思维的深刻性、灵活性、批判性与创新性，培养探究能力和科学态度。

（一）通过自主体验探究大气压的存在，形成物理观念

本节课，首先通过一个经典的"覆杯实验"引入新课，然后利用塑料瓶和温水模拟了教材中的"大气压强压扁铁桶"的实验，学生初步感受到大气压强的存在，虽然大气无处不在，但大气压不易被感知和觉察，只观察演示是不够的，还需要深入体验，学生大脑中才能形成大气压强的概念。以小组合作的形式，利用提供的器材，根据问题，设计并体验大气压，然后在班内展示。

案例 1：通过对比实验体验大气压的存在

学生实验 1：对拉塑料吸盘。将两个塑料吸盘相对挤压，将吸盘内空气排尽，双手很难拉开吸盘。若将两个吸盘正对接触但不挤压，能很容易就拉开吸盘。在紧贴的两个吸盘中间掰条缝，也很容易拉开吸盘。

学生实验 2：吸管"运"水。将吸管竖直放入水中，用一个手指将吸管上端开口堵住，其余四指捏紧吸管提起，转移至另一纸杯上方，松开堵住吸管开口的手指，吸管中的水落入杯中。若将吸管放入水中，不堵住吸管上端的开口，提起吸管则无法将水"吸"入烧杯中。

学生实验 3：用注射器证明大气压的存在。用小皮帽扣住注射器口，往下拉活塞，需要较大的力才能拉动，松手后活塞又迅速被"吸"回。若取掉小

皮帽，轻而易举就拉下了活塞，并且不会反"弹"。

　　学生实验 4：瓶"吸"乒乓球。将塑料瓶注满水，用乒乓球放在瓶口，压住球紧贴瓶口，将瓶与球倒过来，松开压住乒乓球的手，乒乓球被紧紧"吸住"，不会往下掉。若开始时瓶子不注满水，再重复上述步骤，球就无法被"吸"住而会掉落。

　　有趣的是，一位学生在展示实验 4 之后，还介绍了一种自己刚摸索出来的新方法——用一个空瓶也能将乒乓球"吸"住。即倒立塑料瓶让瓶口朝下，手从两侧往中间挤压瓶身，此时用乒乓球堵住瓶口，挤压瓶身的手松劲，乒乓球也被紧紧"吸"住。

　　感悟与反思：本环节的创新之处在于，让学生通过对比实验，在吸盘"密封"与"漏气"、吸管的"封口"与"开口"、注射器口扣上与取下小皮帽、塑料瓶注满水与未注满水的对比中，"立体"地感受到了大气压的存在，这些现象为揭示本质——"压强差"做了很好的铺垫。这种对比实验探究较好地培养了思维的灵活性、深刻性和实验探究能力。学生对实验 4 的改进则体现了思维的创新性。

（二）通过常规实验推理大气压的测量，培养探究能力

　　在学生充分体验大气压的存在之后，教师从对拉塑料吸盘实验中引出马德堡半球实验，学生进一步感受到大气压强之大，同时也产生了新的疑惑——大气压到底有多大？如何测出大气压的值？继续深入探究。

案例 2：从吸管"运"水实验推理出托里拆利实验

　　教师从吸管"运"水的实验中，提出问题：到底大气压能托起多高的水柱呢？如果我们能测出水柱的高度，根据二力平衡原理，只要求出这一段水柱产生的压强，就可以知道大气压的值。顺着这一思路，教师拿出约长 30cm 的软管，往软管中注满水，然后用夹子将一端封住，悬挂于"吸"在黑板上的吸盘上，学生发现软管中的水没有流出。于是有学生建议换更长的软管，教师又拿出约 80cm 的软管，重复操作，软管中的水仍然没有流出。学生又提出继续换更长的软管，这时老师拿出一捆长约 10m 的软管（图 4 - 12）。学生们大笑："可以是可以，只是这么长的软管做实验很不方便。"师："如何改进这个实验呢？"生："可以用密度更大的液体代替水。"师："理由是什么？"生："液体压强跟液体的深度和密度有关，液体密度越大产生压强越大。"师："非

常好，你们知道哪种液体的密度最大呢？"生："汞。"教师顺势导入托里拆利实验。

图 4 – 12　测量大气压

感悟与反思：大气压的测量是本节课的难点之一，学生对托里拆利实验原理以及为什么用汞而不用水难以理解。本环节，先展示学生刚做过的"吸管运水"实验，大气压能托起吸管中约 10 cm 的水柱。引导学生在此基础上进行推理，从形象思维逐渐上升到逻辑思维——还可以托起更高一点的水柱吗？教师利用简单的实验器材，顺着学生的思路做了两次实验，从 30 cm 到 80 cm 的软管，在演示实验中，学生的推理能力得到提升。但学生又发现，用吸管和水做这个实验都不方便，从二力平衡及影响液体压强大小因素着手，找到通过增大液体的密度可以减少软管的长度这一可能性，得出托里拆利实验所用的液体是汞，这个分析过程很好地培养了学生思维的全面性和批判性，提升了发现问题、解决问题的能力。

（三）通过创新实验设计大气压的应用，升华创新思维

大气压应用环节的设计，体现了"从生活走向物理，从物理走向社会"的课程理念，教师先通过图片展示生活中利用大气压的例子，包括用吸盘搬运玻璃、用塑料吸盘挂钩挂笔袋，钢笔吸墨水、拔火罐等例子。然后通过两个创新实验——自制抽水机和"神奇的气球"引导学生继续探究。

案例 3：利用自制教具探究活塞式抽水机工作原理（图 4 – 13）

教师："人类一直都在探究如何将水从低处运到高处，抽水机的发明，体现了人类运用物理知识解决生活问题的智慧。"然后拿出一个塑料瓶，介绍这是自制的简易抽水机，在瓶盖和侧壁各有一个单向阀门，不断挤压瓶身，就可

以将水"抽"进瓶内。接着开始演示,将瓶口放入水中,挤压瓶身,在大气压的作用和两个阀门的默契配合下,水位不断上升,随着教师一声"走你",水从上阀门的孔中喷射而出,在空中划出一道美丽的弧线。学生的探究热情又一次被点燃,迫不及待地开始探究这个抽水机。他们发现:捏扁瓶子后松手,瓶子要恢复原状,瓶内气压小,外面气压大,导致下阀门打开,水进入瓶内,同时关闭上阀门。而捏扁瓶子时,瓶内气压大于外界气压,导致下阀门关闭,上阀门打开,重复操作,水位上升到一定程度后,水就会从上阀门的小孔处喷出。

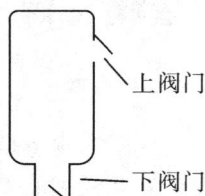

甲　演示实验　　　　　　乙　结构示意图

图 4 - 13　自制抽水机创新实验

案例 4:"神奇"的气球

教师展示一个气球和塑料瓶,将气球嘴紧扣住瓶口,然后将气球塞入瓶内。师:"从瓶口吹气,气球能被吹大吗?"生:"不能。"师:"为什么?"生:"气球变大时,瓶内气压增大,就阻碍气球变大。"师:"分析得有道理,但我的这个气球不一样,是可以吹大的。"教师开始演示,果然将气球吹大了,并且自如地控制气球逐渐缩小,有位学生提出:"老师,你在瓶侧开了一个孔。"教师表扬了这位学生后随机让其他学生找到小孔。师:"这个小孔有什么作用?"生:"使瓶内外气压平衡。"师:"曾经有位聪明的学生教我这样玩。"接着教师用嘴对着小孔先吹气后吸气,大家看到气球像注入魔力般,在瓶口处出去又进来。学生们又一次爆发出笑声和掌声。

感悟与启发:活塞式抽水机(图 4 - 14)是大气压应用的典型例子,但多数学生是没有见过这种抽水机的,其中两个单向阀门在抽水过程中的开闭情况是教学的难点。本节课的又一创新之处在于,利用自制的教具现场演示抽水的过程,操作简单、现象明显,然后让学生在体验与观察的过程中,分析其工作原理。用气球演示大气压应用的实验许多老师都做过，实验器材选择谈不上创新，但本实验的创新点在于先让学生找到气球吹不大的原因和吹得大的"漏洞"，然后逆向思考，富有创意地从"漏洞"处一吹一吸，实验现象让学生加深对大气压知识的理解，给学生留下无限的想象空间。两个创新实验制作选材方便，制作简单，教学效果突出，很好地激发了学生自主创新实验的兴趣和探究大自然内在奥秘的动力，升华了创新思维。

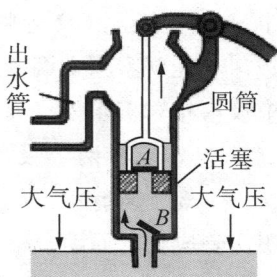

图4-14　活塞式抽水机工作示意图

　　总之，这样上课从实验出发培养物理学科核心素养，学生在自主体验中形成了正确的物理观念，培养了科学思维能力；在观察演示实验过程中提升了思维品质和探究能力，在对创新实验现象及器材的观察、分析、交流中自主生成新的知识，培养了科学态度，发展了创新思维。

四、指向深度学习的"大气压强"线上教学设计

　　深度学习，是指在教师引领下，学生围绕具有挑战性的学习主题，全身心积极参与、体验成功、获得发展的有意义的学习过程。深度学习是培养学生核心素养的重要途径，是信息时代教学变革的必然选择。笔者所在的学校，正在实施指向深度学习的新一轮课堂教学改革。疫情防控期间，学生线上学习成为常态，笔者在教学实践中发现，可以充分利用学生家庭资源，创新设计居家小实验；根据线上教学特点，放慢进度、精简内容，制作微课，利用直播教学提高学生参与度和专注度；充分利用手机、QQ群、QQ老师助手、问卷星等工具和平台，实现线上线下多种学习方式融合，促进学生深度学习。现以"大气压强"一课为例，进行说明。

(一) 在课前体验中培养探究能力

本节课的重点是认识大气压的存在，难点是测量大气压的值。实验是物理学的基础，线上教学无法进行现场演示实验，如何让学生更好地感受大气压的存在呢？笔者设计了两个课前家庭实验：

教学过程1：通过家庭实验体验大气压的存在。提前一天在QQ群（笔者所在学校统一使用QQ群作为班级教学管理平台）发布家庭实验任务单：预习教材后完成两个家庭实验，将视频发送至QQ老师助手进行展示与交流（图4-15）。家庭实验：①吸盘拔河。先观察家中墙壁上的吸盘，思考是什么力量使吸盘紧贴在墙壁上？将两个吸盘相对挤压，将吸盘内空气排尽，双手对拉吸盘，是否能够轻易拉开？为什么？如果在两个吸盘中间掰条缝呢？②吸管运水。找一根吸管和两个杯子，一个杯子装有水，如何只用吸管，将一个杯中的水运到另一个杯呢？请你说明实验成功的原因。

图4-15　学生家庭实验——吸管运水

反思与超越：本环节的创新之处在于：线下实验与线上交流相结合，全体参与，时间灵活，器材易得，操作简单，有效减少学生看屏幕的时间；学生通过对比实验，在吸盘密封与漏气、吸管的封口与开口中，初步感受到了大气压的存在，这种对比实验探究较好地培养了思维的灵活性、深刻性和实验探究能力。将学生的实验视频资源作为直播教学的素材，为揭示压强差这一实验成功的本质做铺垫。

(二) 在直播互动中发展科学思维

线上教学不同于传统的课堂教学，师生处于一个虚拟的网络空间，无法真正面对面，互动受到制约，采用直播教学能有效地弥补这一不足。笔者采用的直播平台是腾讯课堂。腾讯课堂可以播放 PPT、音视频资料，还能满足自由讨论、举手发言、选择答题等个性化的需求。在学生上传的家庭实验作品中，选出典型案例，播放学生吸盘拔河实验作品，抓住压强差这一解决问题的本质，再联系生活实际对其他大气压现象进行变式训练。然后拓展到 1654 年的马德堡半球实验，学生进一步感受到大气压强之大，同时也产生了新的疑惑——大气压到底有多大？如何测出大气压的值？继续深入探究。

教学过程 2：从吸管运水实验推理出托里拆利实验。教师从吸管运水的实验中，提出问题：吸管能托起更高的水柱吗？然后播放微课，教师拿出约长 40 cm 的软管，往软管中注满水，然后用手指将一端封住并提起，学生发现软管中的水没有流出。此时按下暂停键，提问：如果换用更长的软管，还可以成功吗？教师又拿出约 160 cm 的软管，重复操作，软管中的水仍然没有流出。此时引导学生思考：大气压到底能托起多高的水柱呢？如果我们能测出水柱的高度，根据二力平衡原理，只要求出这一段水柱产生的压强，就知道了大气压的值。这时老师拿出一捆长约 10 m 的软管。学生们笑（在讨论区回答）："软管太长，不方便。"师："如何改进这个实验呢？"生："可以用密度更大的液体。"师："理由？"生（举手回答）："液体压强跟液体的深度和密度有关，液体密度越大产生的压强就越大。"师："非常好，你们知道哪种液体的密度最大呢？"生："汞。"教师顺势导入托里拆利实验。

反思与超越：大气压的测量是本节课的难点之一，学生对托里拆利实验原理以及为什么用汞而不用水难以理解。本环节的创新点，一是从吸管运水实验推理出托里拆利实验，从形象思维逐渐上升到逻辑思维，顺着学生的思路做了两次实验，学生的推理能力得到提升。找到通过增大液体的密度可以减少软管的长度这一可能性，得出托里拆利实验所用的液体是汞（水银），这个分析过程很好地培养了思维的全面性和批判性，提升了学生发现问题、解决问题的能力。二是播放的微课，是课前录制的笔者所做的演示实验（图 4 - 16），更具亲切感与可信度。软管托水的实验为学生理解托里拆利实验搭建阶梯，通过直播呈现，巧妙使用暂停键，老师耐心安静地等待，直播"冷场"时其实就是思维提升处。在思考与互动的过程中，学生的科学思维得到了有效的发展。

图 4 - 16　直播教学播放软管托水实验微课

（三）在线上练习与小结中促进学生自主评价

《中国教师报》微信公众号 2020 年 3 月 21 日发布的题为《用数字告诉你，线上教学期间老师竟然这么辛苦》一文中提到，71.3% 的老师认为上网课最大的挑战是无法看到学生的即时反馈，难以进行效果评价。笔者在实践中发现，在直播教学中除了可以通过教师随机提问、学生提问与交流、即时选择答题来进行效果评价之外，还有两种方式——利用问卷星编制在线练习和 QQ 老师助手提交语音小结，能有效促进学生的自主评价。

教学过程 3：利用问卷星和 QQ 老师助手辅助教学。完成新课教学后，教师将以选择题为主的"学习评价单"发布到 QQ 群，学生完成后系统自动反馈结果，教师在后台导出系统生成的答题正确率报告反馈给学生，对全班得分率偏低的问题，组织进行讨论答疑。最后学生从三个方面进行语音小结：本节课我学到了什么？用所学能解决什么问题？我还有什么困惑？将小结上传至 QQ 老师助手。以下是莫同学的小结：

　　大家好，我是莫××，本节课我学到了生活中很多现象都能证明大气压的存在，例如吸盘挂钩、用吸管吸饮料；还学到了托里拆利实验中测大气压值的方法。利用所学能解释吸盘挂钩的工作原理，还有吸饮料其实不是吸上来，而是大气压压上来。我的困惑是：不明白为什么要用汞来做托里拆利实验，测量大气压还有其他方法吗？谢谢。

　　反思与超越：先纸笔练习后对答案，通过举手统计正确率；在新课结束后，几位学生对本节课进行小结，这些都是在校课堂教学中主要的学习评价方式。而线上教学则可以充分利用线上工具高效完成练习与反馈，全班学生可以同时在线上进行语音小结，上传之后可以互相查看他人成果，由于无须当众发言，降低了展示的难度，让学困生有了可学习、可模仿、可借鉴和可表达的途径。语音小结的过程是一个联想与结构、迁移与应用、价值与评价的过程，让所有学生都得到锻炼与展示，从而全面评价自己的学习效果。

（四）在课后答疑中培养合作意识与提升综合能力

线上教学对学生学习专注度、理解力等提出了更高的要求，由于学习能力、硬件设备和网络环境的差异，直播教学中学习目标达成度要比在校学习低。根据学习金字塔理论，"向其他人教授"的方式在 24 小时后知识平均保存率可达到 90%。在线上练习与小结中，出现的典型错例和提出的困惑，通过线上平台，能让更多的学生参与课后答疑。

教学过程 4：学生利用多种方式互助答疑。针对练习与小结反馈的问题，采取四种答疑方式：文字答疑、QQ 电话答疑、语音答疑、微课答疑。安排两位学生对有关托里拆利实验的一道习题进行了微课答疑，分别采用了手机录屏和手机录像的方式进行，一节微课一般两分钟以内。录制完后发送到 QQ 群，学生在线看或者下载观看，老师则对两节微课分别进行点评。

反思与超越：线上答疑拓宽了学习的时间和空间，更加灵活与个性化。通过问与答的交流，学生在查漏补缺、内化核心知识的过程中，体验到合作带来的快乐。特别是制作微课，无论是录屏还是录像，都需要学生对问题进行深度思考，首先要会做，然后要组织语言，动手、动脑、动口完成微课录制，体现了对知识的迁移与应用，极大地提升了学生解决问题的综合能力。制作微课的学生为了让其他同学看得更明白，在录制时，往往要凝练语言，注意语速和语调，运用多种颜色笔迹书写，有时会因为一句话讲不好而重新录制，等等。这些都在潜移默化中培养了学生的责任意识。

总之，这样的线上教学设计充分发挥了教师的主导性和学生的主体性，利用家庭资源，做好家庭实验，在体验中提高实验能力；通过直播教学，借助学生生成的资源和实验微课，挖掘平台和教学软件功能，有效突破重难点，形成正确的物理观念，提升科学思维；老师指导学生在自主探究、合作交流、自主评价、合作答疑的过程中实现深度学习，发展学科核心素养。

第五章　学生自主创新实验微课的制作与应用

根据"学习金字塔"理论可知，教授别人知识能使学习内容留存率达到90%，也就是我们常说的学生当小老师——"兵教兵"。除了课堂内外、线上线下传统的学生互助、讲解习题等方式外，让学生参与微课制作则是另一种培养学生学科素养和综合能力的有效途径。将学生制作的微课应用于物理教学中，能更好地激发全体学生的学习兴趣，以学生喜爱的表达方式来提出物理问题、设计物理情景、展示实验过程、呈现解答过程，能促使学生深度学习，激发学生的创新意识。

第一节　　"双减"背景下开展学生物理微课作业的实践研究

2021年中共中央办公厅、国务院办公厅印发《关于进一步减轻义务教育阶段学生作业负担和校外培训负担的意见》（以下简称"双减"），在此背景下，作业的"减负提质"成为教师们必须研究的重点课题。物理学科在九年义务教育阶段是一门基础学科，在此阶段有一个重要的教学任务就是培养学生对学习物理知识的兴趣，并让学生学会用物理学的视角去观摩生活实际，践行所学物理知识，培养学生的物理观念、科学思维和科学探究精神。

学生物理微课作业是在"双减"背景下的一种作业创新模式的尝试，教师只需给出微课作业的相关范围和评价标准（表5-1），然后学生可以组成团队并根据各自的兴趣、能力、特点，对物理现象或规律等进行知识讲解、分析论证等，并将此过程进行拍摄、剪辑、后期制作形成微课。学生物理微课作业一般建议布置在周末或者假期，数量在精不在多，一周最多一份或者几周一份即可，这样能保证学生有足够的时间、空间去独立思考、交流讨论、团队合作，也不会让学生因作业量过大而产生厌烦。微课作业可以上交到班级微信群或者QQ群，然后由老师实时点评、改进，也可以供各位同学实时学习、借鉴。

表 5 - 1　学生微课作业评价标准

1. 贴近题意，现象明显	2. 有创意	3. 现象原理解析清楚	4. 联系生活实际	5. 语言清晰流畅、幽默风趣	6. 有字幕、背景音乐
备注：满足三项得 60 分以上，满足四项得 70 分以上，满足五项得 80 分以上，满足六项得 90 分以上					
小组自评分			教师评分		

　　了解了学生微课作业的相关情况后，下面谈谈学生物理微课作业的选材和作用，供各位感兴趣的物理同行交流、探讨。

一、生活实践类微课作业，培养学以致用能力

　　"从生活走向物理，从物理走向社会"是物理课程理念的基本要求，同时"教育要与生产劳动和社会实践相结合"。因此，我们要多布置一些生活实践类的物理微课作业，让学生基于物理现象或规律，通过所学物理知识去联系生活实际，解释种种生活现象。

　　例如，在学生学完"物态变化"相关知识时，可以布置相关微课作业，让学生到生活中寻找并解释生活中的物态变化。学生会交上来各式各样关于物态变化的微课作业：用含酒精的湿抹布在黑板上写字后字迹很快消失——汽化；冷水下锅从平静到沸腾且过程中冒着"白气"——汽化、液化；家里的樟脑丸随时间推移不断变小——升华；冰箱里拿出来的易拉罐很快就会"冒汗"——液化；将一个塑料瓶装一部分水放进冰箱急冻室，结冰后拿出来在太阳底下晒——凝固、熔化；在一个易拉罐里放进冰块并加盐不断搅拌，可以观察到易拉罐外侧有白霜——凝华（图 5 - 1）。通过这些生活实践类的物理微课作业，可以培养学生多用物理学的视角去观察世界的习惯，学以致用，也让学生在实践过程中对所学物理知识有更深的记忆和理解。

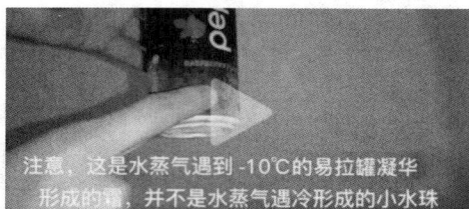

图 5-1   学生介绍易拉罐外霜的形成原因

二、实验改进类微课作业，培养科学思维能力

物理新课程理念提倡要培养学生发现问题、解决问题的能力，在日常教学中，我们要尽可能引导学生不断去发现和改进所接触的事物。具体到物理学科的教学上，我们可以让学生多去改进所遇到的实验、教具等。例如，在学完"二力平衡"这节课后，可以布置以下微课作业：教材中关于探究二力平衡条件的实验，小车与桌子之间的摩擦力会影响实验的效果，并且此实验不方便演示当两个同一直线、大小相等、方向相反的力作用在不同物体时会出现的实验现象，请同学们在周末通过自主设计、合作探究的形式改进这个实验，并自主命制相关题目。学生会根据提示，不断想办法减小物体受到的摩擦力，例如在小车下面加润滑油等，甚至有小组会想到用滑轮装置让物体悬空从而让摩擦力在理论上降到零，并且找到容易分为两半的物体，从而方便演示当两个同一直线、大小相等、方向相反的力作用在不同物体时会出现的实验现象（图5-2）。

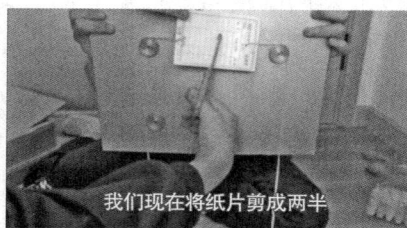

图 5-2   学生演示实验探究二力平衡的条件

再如，在"探究压力的作用效果与哪些因素有关"这个实验中，在小桌上增加勾码时海绵的凹陷程度变化不够明显，也可以让学生去想办法改进。学生经过研究发现用面粉代替海绵，现象会更加明显。诸如此类，在日常教学中遇到有"瑕疵"、需改进的实验、教具等，都可以布置微课作业让学生课后去

改进、探究，从而培养学生的科学思维和科学探究精神。

三、拓展实验类微课作业，培养实践创新能力

让学生根据已有的实验器材从实验原理、实验目的、实验条件等方面去重新设计、拓展更多的实验，能充分激发学生的探究欲望，是培养学生实践创新能力的重要途径。而在学生上交微课作业后，教师也可以针对微课进行点评、补充，引导学生进一步完善不足、发散思维。例如学完"大气压强"这节课后，教材中有关于"自制气压计"的介绍，可以布置微课作业请学生参照教材内容自制气压计并进行实验探究。并让学生思考这套仪器还可以做哪些实验探究并命制相关题目，提示：可以往热学、力学方面思考，如液体的热胀冷缩、力能使物体发生形变（微小形变放大）。

针对学生上交的微课作品，在"自制气压计"方面教师要注意查阅学生有无相关制作细节介绍，如为什么要用有颜色的水、为什么要往瓶内吹气、自制气压计的工作原理是什么，然后引导学生利用常用的电梯高度变化来检验自制气压计是否成功并分析高度对气压的影响（图5-3）；在拓展实验方面，根据提示，学生较容易完成"自制温度计"这个实验（图5-4），这里注意提醒学生使用"自制温度计"时，通过测量冷、热温差大的两种水，热胀冷缩效果明显；而力能使物体发生形变（微小形变放大）是一个比较难成功的实验，很容易出现用力挤压瓶子，管内水柱"不动"的情况，可以在学生遇到瓶颈时，提醒学生思考管的粗细和瓶子的大小应该如何改变才能使实验现象明显，从而引导学生采用更大的瓶子、更小的管来攻克实验难关（图5-5）。

图5-3　自制气压计　　图5-4　自制温度计　　图5-5　放大微小形变

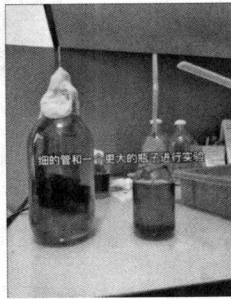

学生在完成拓展实验类微课作业时，需要根据所学的物理知识对已有器材进行新的实验设计和研究，并在发现问题、解决问题中提升自身实践创新能力。

四、学科融合类微课作业，培养全面发展能力

在"双减"背景下，随着 2022 年版新课标的深入推进，发展学生核心素养成为新的育人目标，而核心素养的整体特性决定了学生形成核心素养的过程离不开各学科的融合作用。物理是一门自然科学，加强物理与其他学科的联系、融合，可以使学生更加灵活地应用物理知识解决生产、生活中出现的各种问题。因此，学科融合类的微课作业，有助于培养学生全面发展的能力。

例如，在学生学完"声学"板块知识后，可以布置"声学"与音乐学科之间的融合类微课作业，学生在做微课作业过程中除了复习巩固音色、响度、音调等知识外，也会给你带来优美的音乐，如"吉他弹唱""水瓶琴"（图5－6）等。又如，在学生学完"运动和力"的知识后，可以布置"运动和力"与体育运动之间的融合类微课作业，学生会用微课介绍体育运动中蕴含的种种物理知识：跳远——惯性、摩擦力，拔河比赛——重心、摩擦力、相互作用力，踢足球——惯性、相互作用力、重力等。在微课作业中，除了物理知识，学生也会展示关于体育运动的奋勇拼搏、团队合作等精神。

图5－6　学生演示水瓶琴实验

学科融合类微课作业能将物理学科与不同学科的知识、技能和思维进行融合互通，培养学生的综合素养，促进学生全面发展。

五、小结

"双减"背景下，作业的"提质增效"势在必行，布置学生物理微课作业还可以提高学生的团队合作能力、信息化应用能力，让学生物理学科核心素养得到可持续的发展。而教师可以通过批阅学生的微课作业，更了解学生的综合能力，因为这些微课都是学生通过反复思考、沉淀下来的作品。另外，学生微课作业中出现的典型错误，也可以作为易错题的命题方向，起到查缺补漏的作用。当然，微课作业也只是"双减"背景下的一种作业形式探索，要想真正实现"减负提质"的目的，还需要教师多花心思，让学生真正热爱物理，保持学习物理的持续兴趣才是长久之道。

第二节　学生参与实验类微课制作与应用

核心素养视角下的初中物理需要优化其教学途径，学生自主创新实验则是一条重要途径，其价值在于：一是突破了"指令式"的"做"；二是可以让学生主动地"想"；三是让学生去"说"。这就使得学生在实验过程中要不断创新思路，不断去尝试新的做法，不断组织语言。在实验过程中去尝试（做），去总结（想），去表达（说）。三者并非线性关系，有时边做边说，有时边想边说，有时说后再做，也正是在这种交替中，学生的能力螺旋上升，进而提升学生的实验素养。①

---

① 汤金波，黄网官. 学生自主创新实验是未来物理教学的最优途径［J］. 实验教学与仪器，2018（6）：3-6.

一、"物体的浮沉条件及应用" 教学中的板书与教学流程

（一）"物体的浮沉条件及应用" 板书

板书设计	第三节　第3课时　物体的浮沉条件及应用 一、浮沉条件：浮力和重力的大小关系 二、浮力的应用 1. 轮船 2. 潜水艇 3. 气球和飞艇

（二）"物体的浮沉条件及应用" 教学流程

图 5 - 7 介绍了 "物体的浮沉条件及应用" 一课的教学流程，微课播放环节设计在演示实验之后，起到承上启下的作用。

回顾与引入新课 ➡ 演示实验 ➡ 微课播放 ➡ 实验与研讨 ➡ 归纳总结

图 5 - 7　教学流程图

二、"物体的浮沉条件及应用" 微课的任务清单与脚本

学生制作实验类微课的选题源于学生的难以理解之处，实验器材简单易得、操作简单安全，需教给学生简单的拍摄技巧，前期做好有关剪辑技术的培训。实验设计从设计好任务清单和脚本开始。

（一）"物体的浮沉条件及应用"微课学习任务清单

1. 学习指南
课题名称：人教版《物理》八年级下册第十章第三节"物体的浮沉条件及应用"
达成目标：通过演示实验和微课，认识并能运用浮沉条件解决有关问题
学法建议：运用微课碎片化和节点暂停功能探究物体的浮沉条件及应用
课堂学习形式预告：在教学过程中插入微课，在观察实验、微课学习中理解浮沉的条件及应用
2. 学习任务 （1）能举例说出什么是上浮、悬浮、下沉。 （2）会根据浮力和重力的大小来判断物体的浮沉情况。 （3）会结合浮沉条件分析轮船、潜水艇、气球的工作原理。
3. 资源链接（学生自主创新实验微信视频号、抖音号）
4. 困惑与建议（本栏由学生填写）

（二）"物体的浮沉条件及应用"微课拍摄脚本设计

录制时间： 年 月 微课时间： 分 秒

微课名称	第三节"物体的浮沉条件及应用"
知识点描述	浮力与重力大小关系的变化，会改变物体的浮沉
知识点来源	人教版《物理》八年级下册第十章第三节
教学类型	新课教学及学生演示实验
适用对象	八年级学生

（续上表）

设计思路	通过演示实验放大与视频暂停过程让学生找到规律				
教学过程					
过程	内容	画面	声音	时间	备注
1. 片头	课题及作者	课件或视频文字	无	12 秒	
2. 学生实验与教学	1. 鸡蛋的浮沉实验	图 5 − 8、图 5 − 9、图 5 − 10、图 5 − 11	学生解读	19 秒	
	2. 会跳舞的葡萄干实验	图 5 − 12、图 5 − 13、图 5 − 14	学生解读	90 秒	
3. 结尾	结论与问题清单			12 秒	

三、"物体的浮沉条件及应用"微课内容、节点与教学应用

（一）"鸡蛋浮沉"微课的内容与节点

微课 1. 鸡蛋在清水中下沉——"画面"

（1）说明实验目的：将鸡蛋放入清水中，会怎样呢？（图 5 − 8）

（2）学生演示实验，运用浮沉条件知识解释观察到的现象。（图 5 − 9、图 5 − 10、图 5 − 11）

图 5 − 8　介绍实验器材　　图 5 − 9　将鸡蛋放入装水的杯中

图 5 − 10　往杯中加入食盐　　图 5 − 11　鸡蛋在盐水中上浮

微课 1. 鸡蛋的浮沉 "声音" 和 "节点"

学生画外音：将鸡蛋放入清水中，会怎样呢？（节点 1）

学生画外音：鸡蛋密度大于清水的密度，重力大于浮力，所以鸡蛋下沉。（节点 2）

学生画外音：在清水中加盐搅拌后，鸡蛋又会怎样呢？

学生画外音：当盐水密度大于鸡蛋密度时，鸡蛋所受浮力大于重力并上浮。（节点 3）

（二）微课 1. "鸡蛋的浮沉" 实验在教学中的应用

在了解物体的浮沉情况及对应的浮力和重力的关系后，设计鸡蛋的浮沉实验，让学生再一次深入观察鸡蛋的浮沉现象并思考背后的原因。准备一杯清水，手拿鸡蛋，设计 "节点 1"，教师按下暂停键，提问："将鸡蛋放入清水中，鸡蛋将如何运动？"学生回答后，继续播放，学生看到鸡蛋下沉后，设计 "节点 2"，教师按下暂停键，提问："怎样才能让鸡蛋浮起来呢？"学生回答："可以往水中加盐。"再继续播放微课，继续加盐后，鸡蛋悬浮，设计 "节点 3"，教师提问："此时鸡蛋是什么状态？为什么能悬浮起来？"

点评：该实验微课由学生制作，学生通过自己亲自体验，能深刻认识到可以通过改变液体的密度来改变浮力大小，从而改变物体的浮沉。在播放微课的过程中，通过暂停功能，引领学生思维发展，加盐搅拌的过程比较长，这里巧妙地运用了画外音 "漫长的加盐搅拌之后" 带过，马上能看到实验结果，大大节约了时间，提高了教学效率。

（三）"会跳舞的葡萄干" 微课的内容与节点

微课 2. 会跳舞的葡萄干——"画面"

（1）说明要观察葡萄干放进雪碧（饮料）中之后的情况。（图 5 - 12）

（2）葡萄干上浮的情况。（图 5 - 13）

（3）葡萄干下沉的情况。（图 5 - 14）

图 5 - 12   图 5 - 13   图 5 - 14

微课 2. 会跳舞的葡萄干——"声音"和"节点"

学生画外音：将葡萄干放入雪碧中，会怎样？（节点 1）

学生画外音：葡萄干为什么会上浮？（节点 2）

学生画外音：葡萄干上浮到液面之后，为什么又会下沉？（节点 3）

（四）微课 2."会跳舞的葡萄干"实验在教学中的应用

在上一节微课的学习之后，学生知道了通过改变液体的密度可以改变浮力，从而控制物体的浮沉。教师提问："还有什么方法可以改变物体所受浮力，从而控制浮沉呢？"学生猜测："改变物体的体积。"

开始播放微课，展示实验器材，设计"节点 1"，教师提问："将葡萄干放入雪碧中，会怎样？"按下暂停键，学生思考后回答。继续播放，看到葡萄干在雪碧中上下翻滚，找到一颗正在上浮的葡萄干，设计"节点 2"，按下暂停键，提问："仔细观察葡萄干，为什么葡萄干会上浮呢？"学生回答："葡萄干上附有许多小气泡，增大了排开液体的体积，浮力增大到大于重力后，就会浮起来。"当葡萄干上浮到液面时，设计"节点 3"，教师提问："为什么上浮到液面的葡萄干，又会下沉呢？"

点评：葡萄干和雪碧的"组合"让学生眼前一亮，将葡萄干放入雪碧中，会怎样？这样的情景一下子就吸引了学生。看到葡萄干浮沉时，引导学生从影响浮力大小的两个因素出发，观察思考，原来是因为葡萄干上附有大量的气泡，葡萄干和气泡的联合体受到的浮力大于重力并上浮，当其浮到了液面时，部分气泡破裂，葡萄干和气泡的联合体受到的浮力小于重力并下浮，如此往复，好像在"跳舞"。这一节微课很好地培养了学生的实验观察能力和科学思维。

四、"物体的浮沉条件及应用"微课制作的软硬件和流程

（一）微课 1 和微课 2 制作所需软硬件

（1）平板电脑或电脑、智能手机、照相机、小型三脚架。

（2）实验器材：鸡蛋、食盐、水、雪碧、葡萄干、杯子和筷子等。

（3）视频编辑软件如"剪映""快影""抖音"等。

（二）"物体的浮沉条件及应用"微课的制作流程

"物体的浮沉条件及应用"微课制作流程如图 5 - 15 所示，具体包括学生

根据本节内容选择课题，设计、拍摄、改进实验，最后进行后期制作。

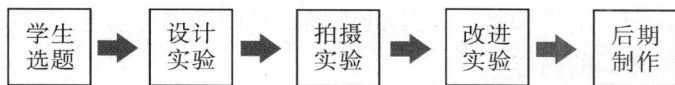

图 5 – 15　微课制作流程图

第三节　师生互动类微课制作与应用

互动式课堂教学是对传统课堂教学的创新发展，突破了传统课堂教学单纯地传授知识和发展智力的局限，把培养学生的创造意识和学习情感放到至关重要的位置。其特色在于：一是由教师权威转变为师生相互尊重、相互信任，通过师生信息交流，实现互动、相互影响，从而真正实现教学相长；二是变"一言堂"为"群言堂"，在讨论、辩论中使每个学生都能得到充分发展；三是督促教师激励学生勤思考，尝试建立新旧知识间的关联和创新；四是鼓励学生大胆质疑、发挥奇思妙想、激发兴趣。

通过让学生参与实验类微课制作，充分挖掘这类微课在课堂教学中的价值。从实践效果来看，这种方式很受学生欢迎，一是因为制作微课的学生看到自己的作品成了课程的资源，有成就感；二是因为看到自己同学的微课，大家觉得格外亲切，更容易提升课堂专注力；三是因为教师可以挖掘微课中的细节，引导学生评估、提出改进意见，从而培育学生的批判思维和创新思维。

一、"惯性"教学中的板书与教学流程

（一）"惯性"板书

板书设计	第一节　第 2 课时　惯性 一、惯性：一切物体都有保持原来运动状态不变的性质 二、惯性的大小：由质量决定 三、生活中的惯性（解释与运用） 1. 利用惯性 2. 防止惯性危害

（二）"惯性"教学流程

图 5 – 16 介绍了"惯性"教学的流程，其中演示实验包括了课堂演示和学生自主创新微课的内容。

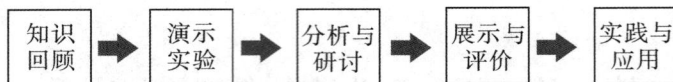

```
┌────┐    ┌────┐    ┌────┐    ┌────┐    ┌────┐
│知识│ →  │演示│ →  │分析与│ →  │展示与│ →  │实践与│
│回顾│    │实验│    │研讨│    │评价│    │应用│
└────┘    └────┘    └────┘    └────┘    └────┘
```

图 5 – 16　教学流程图

二、"惯性"微课的任务清单与脚本

（一）"惯性"微课学习任务清单

1. 学习指南
课题名称：人教版《物理》八年级（下）第八章第一节"牛顿第一定律"第 2 课时"惯性"
达成目标：通过演示实验、学生实验以及微课，认识并能解释惯性现象
学法建议：利用微课碎片化和节点暂停功能探究惯性现象
课堂学习形式预告：在教学过程中插入微课，在实验、微课学习中理解惯性现象
2. 学习任务 （1）说出什么是惯性？ （2）设计有关惯性的实验并制作微课。 （3）解释生活中有关惯性现象。
3. 资源链接（学生自主创新实验微信视频号或抖音号）
4. 困惑与建议（学生自行填写）

（二）"惯性"微课拍摄脚本设计

录制时间：　年　月　　微课时间：　分　秒

微课名称	第一节第 2 课时 "惯性"
知识点描述	惯性是物体保持原来运动状态不变的性质
知识点来源	人教版《物理》八年级下册第八章第一节
教学类型	新课教学及学生演示实验
适用对象	八年级学生

设计思路	通过演示实验放大与视频暂停过程让学生找到规律				
教学过程					
过程	内容	画面	声音	时间	备注
1. 片头	课题及作者	课件或视频文字	无	10 秒	
2. 学生实验与教学	1. 匀速运动小车与上抛的小球	课件	学生解读	19 秒	
	2. 悬挂小球与小车运动	图 5-17、图 5-18、图 5-19、图 5-20、图 5-21	学生解读	90 秒	
3. 结尾	结论与问题清单				

三、"惯性"微课内容、节点与教学应用

（一）"竖直向上抛出的小球落向何处"微课的内容与节点

微课 1. 竖直向上抛出的小球落回原处——"画面"

（1）说明实验目的：匀速直线运动的自行车上，竖直向上抛出的小球将落在何处？

（2）学生演示实验，利用惯性知识解释小球为什么落回原处。

微课1. 竖直向上抛出的小球落向何处——"声音"和"节点"

学生画外音：在匀速直线运动的自行车上，竖直向上抛出的小球将落向何处？（节点1）

学生画外音：在匀速直线运动的自行车上，竖直向上抛出的小球将落回原处。（节点2）

学生画外音：竖直向上抛出的小球，由于具有惯性，仍然保持向前匀速直线运动的状态，所以落回原处。

（二）微课1."竖直向上抛出的小球落向何处"在教学中的应用

在学生对惯性现象有了初步认识之后，展示教材中"动手动脑学物理"中的一个问题：在一列匀速直线行驶的列车内，一位同学相对于车厢竖直向上跳起，他是否会落在车厢内原来的起跳点？说出你的理由。

学生看完问题之后，提出自己的猜想和理由。用实验来验证学生的猜想，让学生说出实验设计的思路：用自行车代替列车，用小球代替列车上的人。展示微课画面，设计"节点1"，教师提问："竖直向上抛出的小球，将落在哪里?"

学生看完微课片段之后，教师按下暂停键，问学生："看到了什么？"学生回答："小球落在同学的手上。"教师继续播放微课，实验的学生多次抛出小球，小球均落在手里，此时学生确认在匀速直线运动的自行车上，竖直向上抛出的小球会落回原处。此处设计"节点2"，教师提问："为什么小球会落回原处呢?"

在学生自由解释后，教师播放微课，由实验组的学生解释：①抛出之前，小球和自行车一起做匀速直线运动。②竖直向上抛出小球，小球继续做匀速直线运动。③小球由于具有惯性，在上升与下降的过程，仍然保持向前匀速直线运动。④小球落回原处。

点评：本节的"惯性"微课设计是以学生为主体，由学生自主创新，亲自参与体验，针对教材习题难点设计完成的。相当一部分学生没有乘坐过列车，乘坐过列车（汽车）的学生也没有做过类似的实验，所以该问题是难点，学生制作的实验微课，清晰地呈现了小球的运动路径，让学生确认事实，进一步理论联系实际，突破难点。学生利用自行车模拟展示列车上的情景，让人眼前一亮，激发了学习兴趣和创新意识。

（三）"悬挂的小球向哪边摆动"微课的内容与节点

微课2.悬挂的小球向哪边摆动——"画面"

（1）说明要观察悬挂小球的惯性现象。（图5－17）

（2）玻璃罐匀速运动时小球的摆动情况。（图5－18）

（3）玻璃罐加速运动时小球的摆动情况。（图5－19）

（4）玻璃罐减速运动时小球的摆动情况。（图5－20）

（5）对实验的对比分析。（图5－21）

图5－17

图5－18　　　　　　　　　　　图5－19

　　　　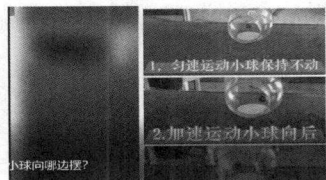

图5－20　　　　　　　　　　　图5－21

微课2.悬挂的小球向哪边摆动——"声音"

学生画外音：玻璃罐匀速运动时，小球会怎样摆动？（节点1）

学生画外音：玻璃罐突然加速时，小球会怎样摆动？（节点2）

学生画外音：玻璃罐突然加速时，小球会怎样摆动？（节点3）

学生画外音：出现上面三次不同的现象，是因为小球有惯性，保持了原来的运动状态。

（四）微课 2. "悬挂的小球向哪边摆动" 实验在教学中的应用

在上一个微课的学习之后，教师问："在自行车上抛出去的小球，一定会落回原处吗？"学生："不一定。"教师："为什么？"学生："将小球抛出去后，自行车突然加速或者突然减速，小球就会落在不同位置。"此时教师展示微课——悬挂的小球向哪边摆动？

当微课播放到玻璃罐突然加速、小球开始摆动时，按下暂停键，教师提问："看到了什么？"学生："小球向后摆动。"教师："为什么？"学生："因为小球由于惯性，仍然保持原来的速度匀速运动，而玻璃罐加速了，所以小球就落后了，相对于玻璃罐就是向后摆。"教师："正确，那么如果是玻璃罐突然减速呢？小球又会怎样摆动呢？"继续播放微课。最后用一张图片将三种不同摆动的情况一起展示并进行分析。

点评：大部分学生都有坐公交车时身体向前倾、向后仰的经历，本微课的亮点在于用简单的器材模拟了这一情景，并且通过慢镜头将小球向前或向后摆动的过程呈现出来，给学生带来强烈的视觉冲击，留下深刻的印象，让学生更好地理解物体的惯性就是保持原来的运动状态不变的性质。

在师生互动类微课制作过程中，首先要明确实验的题目以及准备好器材，要在师生合作过程中，多准备几个相关的题材来进行实验，丰富内容，还要进行反复实验，减小误差，避免错误。后期剪辑视频的时间可能比较长，所以要提前做好实验，以免耽误时间，可以通过后期剪辑所用的慢动作或者快放等来凸显实验的效果。

四、"惯性" 微课制作软硬件和流程

（一）微课 1 和微课 2 制作所需软硬件

（1）平板电脑或台式电脑、智能手机、照相机、小型三脚架。

（2）实验器材：自行车、小球、玻璃罐、细线、透明胶等。

（3）视频编辑软件：如"剪映""快影""抖音"等。

(二)"惯性"微课的制作流程

图 5-22 展示了"惯性"微课从选题、实验、拍摄到后期制作的流程。

确定课题 ➡ 实验准备 ➡ 尝试实验 ➡ 改进实验 ➡ 拍摄实验 ➡ 后期制作

图 5-22　"惯性"微课制作流程图

第六章 学生自主创新实验命题研究与学生自主命题

第一节 学生自主创新实验中考命题研究

一、2019 年广东中考学生自主创新实验类试题评析

2019 年广东中考物理试题对实验的考查除了实验题外，还渗透在填空题、综合题等题型中，很好地体现了对学生学业水平的考查和教与学导向的相统一，也充分关注到了广东全省各地的学情差异，既让学困生学有所成，也有利于优生脱颖而出。现从填空题、实验题、综合能力题各举一例进行解析。

例 1（第 21 题）：小明在用蜡烛作为光源完成"探究凸透镜成像的规律"实验后，发现蜡烛火焰飘忽不定，存在像与物对比难判定等问题，小明和老师、同学一起对实验装置进行了一系列的创新。创新点如图 6－1 所示：

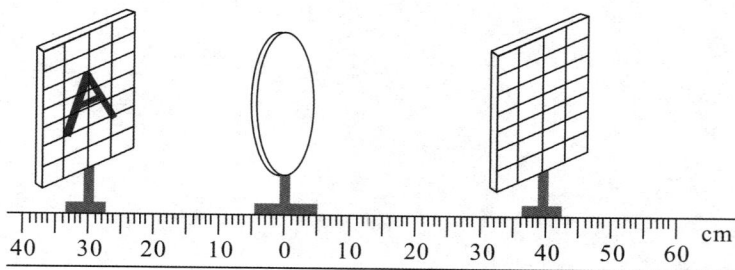

图 6－1

光具座上凸透镜所在位置为零刻度，数值向左、向右依次增大；在标有均匀格子的面板上制作字母"A"状 LED 灯替代蜡烛；光屏上标有同样的均匀格子。

(1) 请分析创新后实验装置的优点：

①可以直接读出物距以及_____；

②光屏上成像更清晰、_____；

③从光屏上可以准确得出像与物的_____关系。

(2) 完成"探究凸透镜成像的规律"实验后，还可以更换（或增加）实验器材进行拓展探究，请仿照示例写出两种不同方案。

项目	更换（或增加）实验器材及操作	探究的问题
示例	用黑色纸片遮挡凸透镜的一部分	探究凸透镜没被遮挡部分的成像情况
方案1	①	②
方案2	③	④

[解析]　本题满分7分，考查"探究凸透镜成像的规律"及相关光学探究实验。第（1）小题3分，第①空简单"送分"，第②③空可能无法很快找到答案，但根据题干中的信息可推出应填"稳定""大小"。第（2）小题4分，问题设计将实验情景限定在光具座上，允许"更换（或增加）"器材，"仿照示例写出方案"，为优生提供更大的创新与展示空间，从判断像与物左右关系的探究、近视眼镜或远视眼镜镜片对光的作用、平面镜成虚像还是实验等方面都可以找到探究的思路，但考生要拿满分还需具备较强的文字表达能力。

二、2020 年广东中考学生自主创新实验类试题评析

（一）命题紧密联系生活，注重对基础的考查

在命题中注重选择贴近学生生活，符合学生认知特点的素材，考查基础，激发学习兴趣，例如第4、5、7、10、11等题，均很好地落实了"从生活走向物理"的课程理念。

例1（第10题）：如图6-2所示，用拇指和食指按压一支铅笔的两端，拇指和食指受到的压力分别为 F_1 和 F_2，受到的压强分别为 P_1 和 P_2，则 F_1____F_2，P_1____P_2（两空选填">""<"或"="）；若 $F_2=1N$，笔尖的面积为 1×10^{-6} m^2，则 $P_2=$____Pa。

图6-2

[**赏析**] 本题考查力与压强的相关知识，该内容的课标要求是"通过实验，理解压强"。第一问考查"力的作用是相互的"这一规律，第二、三问考查了对压强大小的分析与计算。相信在课堂上很多学生做过这个小实验，学生也可以在考场拿出铅笔，再一次体验后做出判断，最后的计算也属于简单计算。命题者想通过此题告诉我们，物理教学要回归到实验这一重要基础，通过实验与体验帮助学生建立物理概念，让学生多利用身边小物品动手动脑学物理。

（二）命题注重图像，考查科学思维方法

物理图像可以形象地表征复杂的物理过程或物理现象规律，图像法是重要的科学思维方法，2020 年广东中考物理试题与图像相关问题共约 24 分，考查形式分为三类：第一类是根据图像提取信息，解答相关问题。例如第 9 题、第 19 题、第 20 题和第 23 题第（1）小题；第二类是根据图像判断两个量的变化关系，例如第 22 题第（3）小题；第三类是根据物理过程画出物理图像，例如第 15 题第（3）小题①问和第 18 题第（2）小题。通过以上试题，考查学生的信息加工、逻辑推理等能力，渗透物理学科特色，凸显科学思维素养培养。

例 1 [第 15 题（3）①]：重为 G 的鸡蛋沉在盛有水的杯子底部，向水中加入食盐并使其溶解，鸡蛋渐渐浮起，最终漂浮在水面，如图 6 – 3 甲所示。请在图 6 – 3 乙中画出上述过程中鸡蛋所受的浮力 $F_浮$ 随时间 t 变化的大致图像。

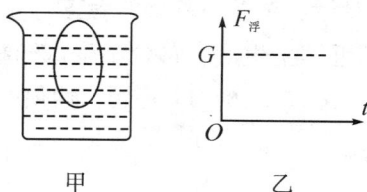

图 6 – 3

[**赏析**] 本题考查物体的浮沉条件相关知识，该内容的课标要求是"知道阿基米德原理，运用物体的浮沉条件说明生产、生活中的一些现象"。本题要求以图像的形式来表达这一过程，是选拔尖子生的"试金石"。命题素材在两

个版本的教材中都能找到，其中粤沪版教材以活动"让鸡蛋像潜艇一样浮沉"对其进行了详细的介绍，所以本题让学生觉得很亲切。题干简洁但内涵丰富，通过审题找出沉底、上浮、漂浮三种情况需要学生具有较强的信息提取能力，然后分析浮力与重力的大小关系，在此基础上画出鸡蛋所受的浮力随时间变化的大致图像，思维深刻且考虑问题全面的学生能脱颖而出。本题给教师的启示：一是在教学中，在做好常规实验的基础上，引导优生开拓思维，尝试用多种形式来表达物理过程，培养科学思维；二是初高中衔接的重要方向是从落实三维目标到发展学科核心素养的转变，而物理图像则是帮助学生打通"任督二脉"，形成关键能力的重要工具。

三、2021 年广东中考学生自主创新实验类试题评析

　　贴近生活是 2021 年广东中考题的特点之一，用学生的话说就是题目很友好，除了选择、填空、计算等题型外，综合能力题也非常好地体现了这一特点。综合能力题是广东中考的最后一道大题（三小题），侧重考查学生综合应用知识、科学探究、实践的能力以及创新意识。2021 年的综合能力题在试题风格上走进生活，从汽车前挡风玻璃、电吹风、高速路超声波测速等生活情景中挖掘命题素材。在试题设计上将以往主要侧重实验探究的第 21 题，创新设计为问题探究类综合题，更好地考查了学生的实验能力和知识的迁移应用能力。三小题在难度设计上具有很好的区分度，基础题足够容易，只要做就能得分，部分能力题则是尖子生的"试金石"。

（一）将生活体验与问题探究融合

　　例 1（第 21 题）：小明发现，晚上坐公交车时在车窗玻璃里看到另一个"自己"，而白天却看不清。结合平面镜成像知识，他思考以下问题：

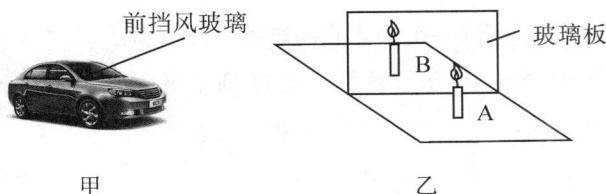

图 6-4

（1）在车窗玻璃里看到的另一个"自己"是光的_____形成的像；

（2）如图 6-4 甲所示，小车的前挡风玻璃是倾斜的。从光学角度分析，这样设计的目的是：_____（写出一条）；此外，晚上开车时，来自后方车辆的强光入射到前挡风玻璃，被反射到_____（选填"上方"或"下方"），以减少对司机视线的干扰；

（3）在探究平面镜成像特点的实验中，如图 6-4 乙所示。

①组装器材时，要使玻璃板与水平桌面相互_____；

②实验需要记录像与物的大小关系，还需要记录物理量_____和_____；

③实验中如果将蜡烛 B 也点燃，对实验的影响是_____（写出一条）。

[赏析] 本题考查"平面镜成像、光的反射"相关内容。课标对该内容的要求是"通过实验，探究并了解光的反射定律；通过实验，探究平面镜成像时像与物的关系；知道平面镜成像的特点及应用"。第（1）小题考查平面镜成像的原理；第（2）小题分析小车前挡风玻璃倾斜设计的目的，考查了学生对平面镜成像特点、光的反射定律的认识，以及文字表达能力；第（3）小题回到探究平面镜成像特点实验，考查学生实验操作、记录与评估的能力。本题的设计有三个亮点：一是从熟悉的场景中提出问题，进而切换不同的情景设问，逐层深入。二是通过竖直的车窗玻璃、倾斜的小车前挡风玻璃、与桌面垂直的玻璃三种情景成像，完成对理解"像物对称"这一特点的立体考查。三是最后一问的答案就是对题干中提出的"白天却看不清"现象的呼应。

[启示] 培养学生的问题意识，思考现象中蕴含的学科知识，善于在不同生活场景中寻找相同的物理知识，进一步对相关实验进行反思，融合生活体验与实验探究，达到对物理知识的融会贯通。

（二）将生活电器与应用分析融合

例 2（第 22 题）：图 6-5 甲是某品牌家用电吹风，其电路如图 6-5 乙所示，R_1、R_2 为电阻丝，M 为电动机。通过调节开关，可使电吹风分别处于"停止""冷风""暖风"或"热风"四种状态。

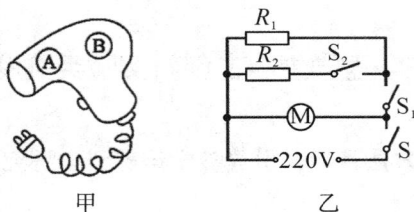

图 6-5

（1）要使电吹风正常工作，图 6-5 甲中的 A 处应安装_____，B 处应安装_____（选填"电动机"或"电阻丝"）；

（2）如图 6-5 乙所示，要使电吹风处于"冷风"状态，应闭合开关_____；要使电吹风处于"暖风"状态，应闭合开关_____；

（3）已知电吹风处于"暖风"状态时，从出风口吹出的空气温度升高了 20 ℃；处于"热风"状态时，从出风口吹出的空气温度升高了 30 ℃，假设这两种状态下的热效率相同，相同时间内吹出的空气质量相同，则 $R_1 : R_2 = $_____；

（4）电吹风用了几年后，由于电阻丝的升华，实际发热功率会_____（选填"变大""变小"或"不变"）。

[赏析] 本题考查"电路、电热及电功率"相关内容。课标对该内容的要求是"会看简单的电路图；理解欧姆定律；结合实例理解电功率等"。第（1）小题判断电动机和电阻丝的安装；第（2）小题判断电路的不同状态；第（3）小题考查运用相关电学公式进行推理、运算的能力；第（4）小题考查根据功率公式分析生活现象的能力。本题很好地体现了"物理走向社会"的课程理念。

【启示】从考后的反馈看，部分优生不会做第（1）小题，认为 A、B 两个位置分别装电动机、电阻丝的顺序没有区别。原本放在第一问的"送分题"却送不出分，这给我们的教学启示是既要引导学生理论分析，又要培养学生多观察生活实际的意识，例如本题，如果能从电吹风口往里看，就能看见电阻丝。另外，对电热类问题的教学，引导学生在对电饭煲、电热水壶、电吹风等电器的分析中，提炼解题方法，做到举一反三。

四、2022 年广东中考学生自主创新实验类试题评析

（一）落实过程与方法目标，引导教学培养科学探究与科学思维

例1［第22（3）题］：少量的紫外线照射是有益的，过量的紫外线照射会损伤皮肤。紫外线能使荧光物质发光，小明想检验某防晒霜对紫外线的阻挡作用，利用图6-6所示的实验装置在暗室及一定防护下进行实验。

步骤一：如图6-6所示，固定好紫外线灯和涂有荧光物质的硬纸板，将一块大小合适的玻璃板放置在_____（选填"Ⅰ""Ⅱ"或"Ⅲ"）区域，且调整玻璃板与硬纸板平行；

步骤二：打开紫外线灯，荧光物质发光；

步骤三：关闭紫外线灯，荧光物质不发光；

步骤四：按产品的说明书要求在玻璃板上均匀涂满防晒霜，再次打开紫外线灯，荧光物质有微弱发光。

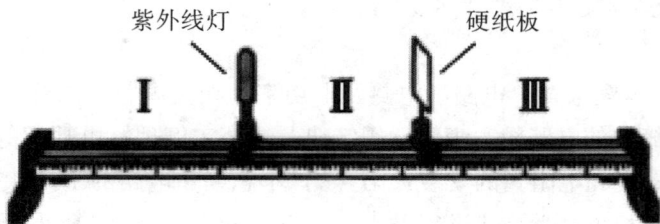

图 6-6

由此可推断，该防晒霜_____（选填"能"或"不能"）阻挡全部紫外线。

［赏析］本题以"检验某防晒霜对紫外线的阻挡作用"情境为素材，考查学生的科学探究能力。第一问考查学生设计实验的迁移能力，需要学生通过熟悉的光具座联想到探究凸透镜成像规律实验，从而将紫外线灯与蜡烛、硬纸板与光屏建立联系，将涂有防晒霜的玻璃板对应凸透镜，从而确定要将玻璃板放在"Ⅱ"区域。第二问考查分析论证能力，需要学生通过实验步骤进行分析，从荧光物质发光到微弱发光做出判断，在推断结论时，需要留意到"全部"

二字，这又考查了思维的全面性和严谨性。

[**启示**]　"科学探究"是物理学科核心素养的重要组成部分，主要包括问题、证据、解释和交流。本题的研究对象和探究目的让学生眼前一亮，需要学生根据实验目的，设计实验，通过实验过程获取信息，得出结论。这就引导教师在日常探究实验教学中，一方面要重视学生经历实验探究的过程，在动手、观察、思考和交流中达成目标；另一方面要能够基于实验，站在科学探究素养的高度去思考，尝试寻找新的研究对象，创设新的探究情境，培养学生的科学探究能力。

（二）创新问题研究类试题，引导教师探索问题教学

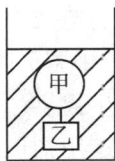

图 6-7

例 1 [第 21（3）题]：我国自主研制的载人深潜器下潜深度已突破 10 000 m，在载人深潜领域达到世界领先水平。（取 $\rho_{海水}=1.03\times10^3$ kg/m³，$\rho_水=1.0\times10^3$ kg/m³，$g=10$ N/kg）

（1）潜水艇活动的海水深度一般为 300 m 至 600 m，它可以通过水舱排水或充水来改变_____，从而实现浮沉。

（2）深潜器可进入更深的水域，在 10 000 m 的深处，海水产生的压强为_____Pa。由于深海海水压强太大，深潜器实现浮沉的方法与潜水艇有所不同。

（3）小明阅读资料后，利用图 6-7 的装置模拟深潜器在水中的运动过程。物体甲、乙由一条细线连接且在水中处于静止状态，已知乙的质量为 0.2 kg，体积为 25 cm³，则乙所受浮力的大小为_____N，乙受到细线的拉力为_____N，若剪断细线，甲将_____（选填"上浮""悬浮"或"下沉"），此时甲所受浮力_____（填字母）。

A．增大，且大于重力　　　　B．不变，且等于重力

C．不变，且大于重力　　　　D．减小，且小于重力

[**赏析**]　本题考查"液体压强、浮力"相关内容，课标对该内容的要求是"通过实验，探究并了解液体压强与哪些因素有关。知道阿基米德原理，运用物体的浮沉条件说明生产、生活中的一些现象"。本题以大国重器——"奋斗者"号工作的情境为素材，第（1）小题考查深潜器的一种——潜水艇实现浮沉的方法；第（2）小题考查液体压强计算，通过计算知道深潜器在深海中承受巨大的压强，让学生思考深潜器与潜艇有何不同？第（3）小题以小明的一

次探究为线索，构建物理模型，先利用阿基米德原理求物体乙所受浮力，再考查学生对研究对象进行受力分析的能力，从而求出物体乙所受拉力。后两问通过设计剪断细线的操作，分析此时物体甲的运动及受力情况。本题情境新颖，设问起点低，对能力的考查逐渐上升，具有较好的区分度，能引导学生关注科学技术对社会发展的作用，树立将科学服务人类的意识，增强民族自豪感。

[启示] 本题属于问题研究类综合能力题，也是最具广东物理中考命题特色的试题之一。本题的创新之处在于通过模型的简化和学生实验，来探究载人深潜器复杂的工作原理，实现对核心知识的考查。《义务教育物理课程标准（2022 年版）》加大了对我国古代与现代科技成果的相关研究，例如：青铜器制造技术、"龙水车"、"东方红一号"、北斗卫星导航系统、"奋斗者"号、"中国天眼"和"天问一号"等，引导教师探索问题教学，"问题教学"为学生提供一个交流、合作、探索、发展的平台，促使学生在问题解决过程中主动运用知识，有利于学生养成良好的思维习惯，做到概念清楚、研究对象明确、思维有逻辑、结论有依据。在教学活动中以问题为线索，让学生在问题情境中探索和发现知识，掌握技能，发展创新思维。

五、2023 年广东中考学生自主创新实验类试题评析

《义务教育物理课程标准（2022 年版）》新增了"跨学科实践"主题，基于跨学科实践情境命题，有助于落实新时代教育评价改革对命题的"两减""两增"的要求，"两减"即减少机械记忆试题，减小客观试题的比例，避免机械刷题的现象；"两增"即增加试题的灵活性，增大综合性、开放性、应用性、探究性试题的比例。以跨学科实践情境命题，能引导教师改变教与学的方式，完善跨学科实践的评价体系，实现"教、学、评"的一致性。

2023 年广东中考物理试题，进一步增加了"跨学科实践"情境试题的比重，主要以综合能力题的形式呈现，例如：以"探究在室内如何穿衣更保暖"情境为载体的第 22 题，属于"物理与日常生活"主题，对应的新课标要求是"能发现日常生活中与物理学有关的问题，提出解决方案"。以"辘轳"情境为载体的第 21 题，属于"物理与工程实践"主题，对应的新课标要求是"了解我国古代的技术应用案例，体会我国古代科技对人类文明发展的促进作用"。以"风力发电"情境为载体的第 23 题，属于"物理与社会发展"主题，对应的新课标要求是"结合实例，尝试分析能源的开发与利用对社会发展的影响"。

例1（第22题）：小明了解到有种说法"在室内穿两件薄衣服比只穿一件厚衣服更保暖"。他采用图6-8的装置进行实验：在甲、乙两个相同的瓶子中装入等体积的热水，用两层灰色薄棉布包裹着甲瓶（内层紧贴，外层相对宽松），用一层灰色厚棉布紧贴包裹着乙瓶，用数显温度计测量瓶中热水的温度，测得有关数据如表6-1表所示。

（1）表6-1中有一个温度值记录错误，该错误的温度值是_____℃，水温会先降到41.0℃的是_____瓶。已知瓶中水的体积是350mL，该瓶中水的温度降至41.0℃时，其放出的热量是_____J。[$c_水 = 4.2 \times 10^3$ J/(kg·℃)，$\rho_水 = 1.0 \times 10^3$ kg/m³]

（2）如果把瓶中的热水换成冰块，_____瓶中的冰块熔化较慢。分析实验结果，可猜想"在室内穿两件薄衣服比只穿一件厚衣服更保暖"的原因可能是两件薄衣服中间有_____。

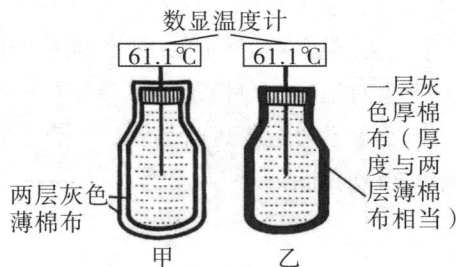

图6-8

表6-1

室温：25.0℃					
时间/min	0	20	40	60	80
甲瓶水温/℃	61.0	56.6	62.5	50.9	48.5
乙瓶水温/℃	61.0	55.6	52.3	49.0	45.7

（3）请写出一个生活中与你的猜想相符合的例子：_____。

[赏析]本题从探讨如何穿衣切入，生动的问题情境引起学生思考，激发探究兴趣。然后进入探究过程，设计实验、进行实验，第（1）小题基于具体

的实验数据设问，学生需要提取表格数据信息，分析出热水降温过程中温度变化的大致规律，实验情境虽然不是新课标中的学生必做实验，但根据生活经验或者具备的科学探究素养容易做出判断。本小题还考查热量计算，均属于容易题。第（2）小题提升难度，在原有情境基础上，变换了研究对象，物理过程从"放热"转换为"吸热"，考查学生逆向思维和科学论证的能力，属于中档题。第（3）小题难度进一步提升，设计了一个开放性的问题情境，让学生又回到生活中寻找符合猜想的例子，考查学生平时对生活的体验、跨学科综合能力和创新思维，让素养高的尖生脱颖而出。

[启示] 本题是创设"跨学科实践"试题情境的成功案例，对跨学科实践教学是否达成学业要求进行了一次立体的考查。主要亮点：一是注重试题的实践性，先从生活中的"哪种穿衣方式更保暖"情境引入，生成了"热水降温""冰块熔化"两个实验探究情境，最后又回到生活中"找与猜想相符合的例子"，巧妙地以每一个情境为载体设计了难度逐渐增大的问题串，试题为教学中教师进行实践性作业设计、学生开展自主创新实验提供了范例。二是试题考查综合性能力，"哪种穿衣方式更保暖"这一现实生活中遇到的真实问题是复杂和综合的，这既需要学生对温度、热传递、热量等知识进行再构建，又需要超越物理、综合实践、数学等学科边界进行整合，综合考查基础知识、物理建模、科学推理、科学论证与创新能力。

第二节　学生基于自主创新实验设计与命题

学生自主创新实验为学习提供了真实问题解决的情境，除了完成实验，还可以进一步挖掘实验的价值，引导学生根据实验进行选题、改编题或者原创题，提供给学生思考，令人耳目一新，激发了学生的学习兴趣，也能帮助学生更好地理解实验，避免了机械性地重复刷题。所以在学生自主创新实验中增加自主命题环节，是落实"双减"的有效措施。下面以佛山市顺德区翁祐中学2022届八（11）班学生小组的实验——"利用吉他探究声音的特性"为例，说明学生基于自主创新实验设计与命题的情况。

一、"利用吉他探究声音的特性"实验报告

学生自主创新实验报告				
实验名称	利用吉他探究声音的特性		指导老师	刘小丰
实验准备	吉他和尤克里里各一把			
实验操作	通过吉他、尤克里里的现场弹奏,对声音的产生和声音的三个特性逐一探究并解说,最后是自主命题展示与实验拓展建议,具体操作如下: (1)探究声音的产生; (2)探究声音的响度和振幅的关系; (3)探究声音的音调和频率的关系; (4)探究声音的音色和材料的关系; (5)演奏《四季歌》; (6)回答问题; (7)答案展示; (8)实验拓展建议。			
实验数据或现象	当吉他发声以及声音响度、音调、音色分别发生变化时,吉他琴弦的振动情况也随之变化。			
实验结论	(1)声音是由振动产生的; (2)振幅越大,响度越大; (3)频率越大,音调越高; (4)材料不同,音色不同。			
评估	(1)通过吉他演奏复习声学知识,很有趣;希玲同学最后的《四季歌》演奏,更增加了观赏性质。 (2)经过多次演练,演奏和解说达到比较好的效果,现象很明显。 (3)设计了几个问题让同学们回答,轻松掌握知识。			

（续上表）

实验照片	
小组人员	组长：小桂同学 组员：沁愉同学、希玲同学	实验时间	2021 年 9 月 15 日

二、"利用吉他探究声音的特性"脚本

大家好！我们是广东省佛山市顺德区伦教翁祐中学的小桂同学、沁愉同学、希玲同学。我们所探究的是吉他和声音有关的问题。

（1）探究声音的发声与什么有关？（备注：操作者拨动琴弦）随着琴弦的振动产生了声音。

（2）探究声音的振幅与响度的关系。用手指拨动琴弦，拨动两次，第一次（力度）小（备注：操作者拨动琴弦），第二次（力度）大（备注：操作

者拨动琴弦），由此可得知：物体振幅越大，产生的声音响度越大，物理学中用振幅来描述物体振动的幅度。声音的强弱叫作响度。

（3）探究音调和频率的关系。弹细的弦与粗的弦（备注：操作者拨动琴弦先细后粗）可得知：细的弦发出的音调高，粗的弦发出的音调低。粗的弦频率低，则音调就低，细的弦频率高，音调就高。同一条弦，长度越短，音调越高。（备注：操作者拨动琴弦，按住同一条弦的中间位置，再次拨动琴弦）

（4）此外我们要探究音色。能分清不同物体的声音，当音调与响度相同时我们仍能分辨出它们的不同声音，原因是有音色的区分。这是吉他的 do（备注：操作者拨动吉他琴弦），这是尤克里里的 do（备注：操作者拨动尤克里里琴弦）。由此可知，不同发声体的材料、结构不同，发出声音的音色就不同，这便是我们能分辨出不同物体的原因。

（5）下面请欣赏我们的队员为我们演奏的《四季歌》。以下是我们给你们出的题，你们会做吗？（展示问题）

①弦乐器吉他通过什么来使声音更加洪亮？

②声音是由物体的_____产生的。

③长而粗的弦发出的音调_____（高/低）。

④短而细的弦发出的音调_____（高/低）。

⑤当按住弦的不同位置时，发出的音调会变化吗？

⑥平常说的男高音、女高音指的是什么？

（6）展示答案：①共鸣箱；②振动；③低；④高；⑤会；⑥音调。

（7）你们答对了吗？本次我们所研究的是与弦乐器吉他的声音有关的问题。你们能探究管乐器和声音有关的问题吗？给你们推荐几个常见的管乐器——长笛、箫、葫芦丝、竖笛，期待你们的表演。

三、对"利用吉他探究声音的特性"实验的点评

本实验目的明确，设计新颖，操作熟练，现象明显，生动有趣，具有以下几个创新点：

（1）体现跨学科学习特点。对"声音"主干知识进行了整合，巧妙应用自己的乐器演奏和物理知识，以边弹奏边解说的形式呈现知识点，实验作品是艺术与科学的精彩融合。

（2）自主命题展示创新思维。本实验与课堂教学中的演示实验不同，体现了学生对实验作用的理解，并在此基础上原创了几道题，虽然简单，但比练习册上的题更多了些灵动，对其他学生来说不仅是一次愉悦的学习，还是创新意识的渗透。

（3）体现了实践性作业的优越性。学生处于真实情境问题中，用实验呈现知识，动手动脑学物理，引导学生尊重科学事实，树立基于真实情境的命题理念，发展科学思维，培养科学精神。实践性作业很好地体现了"用中学""做中学""创中学"的新课标理念。

第三节　学生自主创新实验设计与命题教学课例

学生自主命题和传统教学必须有机结合，才能发挥其作用。并不是每节课都要开展命题教学，在教学过程中相应的习题训练还是十分必要的。学生命题与做题有机结合可提升教学成绩。把所学的知识拿来命题对于学生来说是件新鲜事，学生乐于把自己的发现拿来讨论分享，也更加喜欢展示自己并考考他人。如果学生命题能充分与小组加、扣分结合，能大大提高其命题的积极性。

把学生所命的题目以合理的方式展示出去，是提高命题效果的关键。目前教室里的主要展示平台是黑板与投影仪，学生的作业本、学案纸上的命题展示主要通过投影仪；而黑板面积大，能同时展示多位学生的命题情况，同时对不同学生的课堂命题进行点评对比，现场感强烈。所以在展示学生课堂命题时，最好让多位学生（2~6 名）上台，并投影一些有不同特点的题目，在展示环节充分渲染学生的优点，激励学生共同发掘学生命题的闪光点，从不同角度充分掌握知识。

如在"基于'酒精浓度检测仪'的自主命题"一课中，通过创新实验验证酒精测试仪的工作原理，然后引导学生基于真实实验情境自主命题，并进行展示与交流，提升思维，在师生互动过程中引领各层次学生逐步提升。

（一）教学设计

课题	基于"酒精浓度检测仪"的自主命题			
时间	2019 年 11 月 18 日	地点	武汉市经济开发区第一初级中学	上课教师	广东省佛山市顺德区伦教翁祐中学刘小丰
课标和教材分析	欧姆定律及其应用是初中物理的核心内容之一，《义务教育物理课程标准（2011 年版）》中对本部分内容的要求是：①理解欧姆定律；②了解串、并联电路电流和电压的特点；③会使用电流表和电压表。欧姆定律内容表述简单、抽象，在生产与生活实际中有着广泛的应用，长期以来都是教学的重点和难点。 　　人教版、粤沪版等教材均将"酒精浓度检测仪"作为素材，引导学生对生活中常见的工具进行深入剖析，体现"从生活走向物理，从物理走向社会"的课程理念。本课的设计就从教材中的"酒精浓度检测仪"出发，围绕北京师范大学课程与教学研究中心举办的"初中物理核心能力培养与教学素养提升研究论坛"的"习题教学"主题，突出"创新体验"和"自主命题"，在课堂中，学生经历自主构建—自主探究—自主命题—自主评题—自主反思的过程，培养学生的解题能力和创新能力。			
学情分析	本次教学为异地借班上课，授课对象为九年级学生，该班学生整体物理素养高，学习习惯好，合作意识强，成绩好。但由于刚学习完欧姆定律相关内容，对相关知识的融会贯通尚待加强，学生缺少命题者的体验。在一节课中，从解题者角色转换为命题者角色，对教师和学生都是一个挑战。			
教学目标	一、知识与技能 （1）会利用欧姆定律及串联电路电流、电压规律，分析、计算串联（动态）电路中的相关问题。 （2）会从图像（图表）中提取信息，解决"酒精浓度检测仪"相关问题。 （3）初步了解命题的简单技巧。 二、过程和方法 （1）通过体验"查酒驾"激发探究"酒精浓度检测仪"相关问题的兴趣。 （2）通过演示实验，感受酒精浓度检测仪的工作原理。 （3）通过学生体验—命题—评题的过程，提高分析、推理、文字表达等能力，培养优生自主命题的意识和能力。 三、情感态度和价值观 （1）通过实验激发兴趣，通过命题培养思维。 （2）培养安全驾驶意识。 （3）善于关注有关欧姆定律应用的实例，并有挖掘命题元素的创新意识。			

（续上表）

重　点	分析、计算"酒精浓度检测仪"工作电路中相关问题
难　点	了解命题基本技巧之命题思路和文字表达的规范性、严谨性
教　法	实验教学法、讨论教学法
学　法	自主、合作、探究、展示
器　材	（1）酒精浓度检测仪、白酒、酒杯；（2）酒精浓度检测仪工作原理模拟电路

（二）教学过程

教学过程	教师活动	学生活动	设计意图
一、新课导入	课堂"查酒驾"体验	观察、思考、回答	拉近师生距离，激趣，设置悬念
二、核心知识构建	复习欧姆定律相关知识	回忆、回答，在导学案上完成思维导图	复习欧姆定律及串联电流、电压、电阻规律，构建知识网络
三、核心电路分析	展示串联电路，其中一个为可变电阻，引导学生分析	小组讨论	通过对核心电路的分析，学生了解"可变电阻的作用"，为了解酒精浓度检测仪做准备
四、实验探究	1. 展示人教版教材"酒精浓度检测仪"资料，提出问题	1. 阅读、思考、回答	1. 培养学生的读图能力，知道浓度—电阻—电压表示数三者的变化关系
	2. 演示实验探究"酒精浓度检测仪"的工作原理	2. 观察、分析、表达	2. 通过实验，深刻理解"酒精浓度检测仪"的工作原理
五、自主命题	1. 讲清楚自主命题要求，然后教师巡视，收集典型作品	1. 小组命题说明：请以小组为单位三选一（星级表示挑战指数），根据题干信息或者先自行增加已知量，然后编制1~2问，将内	1. ①掌握核心知识与电路。②学习了解命题技巧。③熟练推理与相关计算。培养学生的读图能力，并体验利用结合图像命题的技巧。④进一

（续上表）

教学过程	教师活动	学生活动	设计意图
五、自主命题		容写在横线上（第1、2题为填空题，第3题为计算题，并将参考答案写在草稿纸上）	步提高学生运用知识的能力和创新思维
	2. 安排学生对典型作品展示与交流	2. 学生代表展示、质疑、思辨	
	3. 教师点拨	3. 思考、做笔记	2. 提升思维
六、总结反思	提出三个问题：①本节课我学到了什么知识？②我用所学能解决什么问题？③还有什么疑惑？	学生展示	小结归纳知识，培养学生的归纳能力、学以致用的意识和质疑反思精神

（三）板书设计

基于"酒精浓度检测仪"的自主命题

1.核心知识： $I = \dfrac{U}{R}$ ，串联 $\begin{cases} I=I_1=I_2 \quad U=U_1=U_2 \\ R=R_1=R_2 \quad \dfrac{U_1}{U_2}=\dfrac{R_1}{R_2} \end{cases}$

2.核心电路：

R_1 R_2 可变电阻 V

3.核心思维：行为 ⟷ 浓度 ⟷ 电阻 ⟷ 电流、电压

（四）教学反思

亮点：

（1）教学设计体现课程理念和创新精神。以教材中的一段关于"酒精浓度检测仪"的材料为素材，进行深挖、拓展，呈现出一堂具有原创性的习题教学课。

（2）教学线索由浅入深、层层递进。从导入（现场查酒驾）—构建核心知识—回归教材，构建核心电路—创新实验验证酒精测试仪工作原理—学生自主命题—展示与赏析—思维提升，在师生互动过程中引领各层次学生逐步提升。

（3）制作的"酒精浓度检测仪模拟电路"，很好地突破了难点，让学生对本节课的核心电路有了深刻的理解，并且从气敏电阻迁移到压敏电阻、光敏电阻等。

（4）巧妙地渗透了情感态度价值观的课程目标，现场"查酒驾"让师生再一次深刻体会到"开车不喝酒，喝酒不开车"的重要性。

不足及改进：

（1）对信息技术的使用需要进一步加强，在学生点评试题时，可以在手机屏幕上适当进行圈画，以利于学生理解关键信息。

（2）在学生小组自主命题时，教师利用手机投屏是好的，但镜头切换得太快，干扰了学生和听课教师的观察，建议将手机固定在一个组进行直播。

附：《基于"酒精浓度检测仪"的自主命题》导学案

【核心知识】

欧姆定律表达式：＿＿＿＿＿＿＿＿；在串联电路中：电流规律＿＿＿＿＿＿；电压规律＿＿＿＿＿＿；电阻规律＿＿＿＿＿＿；电压分配规律＿＿＿＿＿＿。

【核心电路】

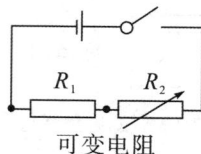

可变电阻

1. 如上图所示电路中，R_1 为定值电阻，R_2 为可变电阻，闭合开关后，当 R_2 的阻值减小时，电路总电阻＿＿＿＿＿＿，电流＿＿＿＿＿＿，R_1 两端电压＿＿＿＿＿。（均选填"增大"、"减小"或"不变"）

2. 阅读教材第79页"科学世界"，已知酒精气敏电阻的阻值随着酒精气体浓度的增大而减小，则下列关于酒精浓度检测仪工作原理的两种电路，符合要求的是（　　）

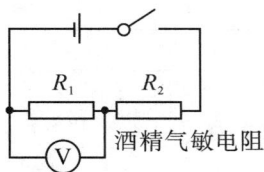

A

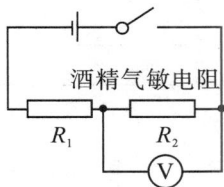

B

【自主命题】

说明：请以小组为单位从3个题中三选一（星级表示挑战指数），根据题干信息或者先自行增加已知量，然后编制1~2问，将内容写在横线上（第1、2题为填空题，第3题为计算题，将参考答案写在草稿纸上）。

组员姓名：	1（☆☆☆）某酒精测试仪工作原理如图甲所示，酒精气敏电阻与接触到的酒精气体浓度的关系如图乙所示，_____。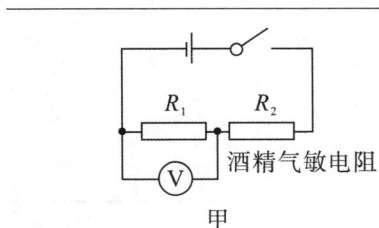 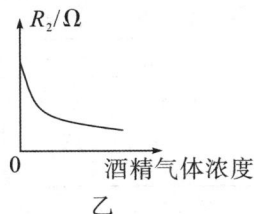

组员姓名：	2（☆☆☆☆）某酒精测试仪工作原理如图甲所示，酒精气敏电阻与接触到的酒精气体浓度的关系如图乙所示，已知电源电压为8V，_____。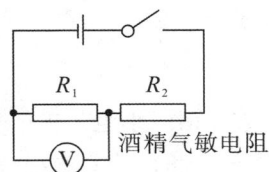 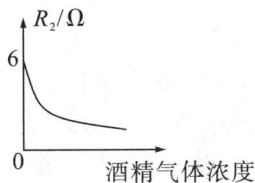

组员姓名：

3（☆☆☆☆☆）如图甲是某创客小组设计的酒精浓度检测仪工作电路，R_1 为酒精气敏电阻，测得 R_1 与酒精气体浓度的关系如图乙所示，表格中的信息为查到的有关酒驾、醉驾的标准。电源电压恒为8V，定值电阻 $R_2 = 20\Omega$。求：

（1）_____

（2）_____

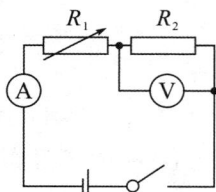

甲

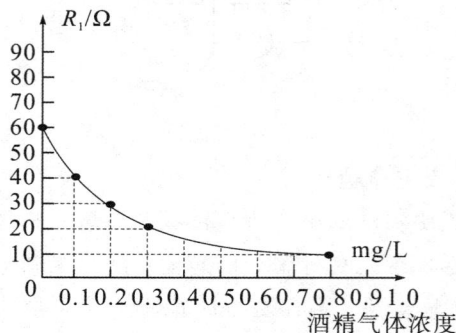

乙

行为类型	呼气中的酒精浓度
酒驾	≥0.1mg/L <0.4mg/L
醉驾	≥0.4mg/L

【学习小结】

（1）本节课我学到了什么？

（2）用所学能解决什么问题？

（3）我还有什么困惑？

【学生自主命题作品】

命题要求：星级表示命题挑战指数，请以小组为单位三选一，根据题干信息或者先自行增加已知量，编制 1~2 问，将内容写在横线上（第1、2题为填空题，第3题为计算题，思考参考答案）。

组员： 黄同学 汪同学 林同学 何同学	1 （☆☆☆）某酒精测试仪工作原理如图甲所示，酒精气敏电阻与接触到的酒精气体浓度的关系如图乙所示，随着酒精浓度的增加，电压表示数_____。R_2 电流_____。（填"增加""不变""减小"）。 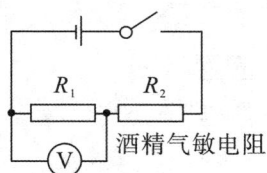 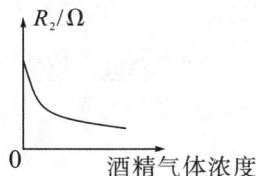

组员： 邓同学 伯同学 吴同学 刁同学 周同学	3 （☆☆☆☆☆）如图甲是某创客小组设计的酒精浓度检测仪工作电路，R_1 为酒精气敏电阻，测得 R_1 与酒精气体浓度的关系如图乙所示，表格中的信息为查到的有关酒驾、醉驾的标准。电源电压恒为 8V，定值电阻 $R_2 = 20\Omega$。求： （1）当酒精气体浓度为 0.3 mg/L 时，电压表示数为多少？ （2）当电流表示数为 0.1 A 时，小明是否酒驾/醉驾？ 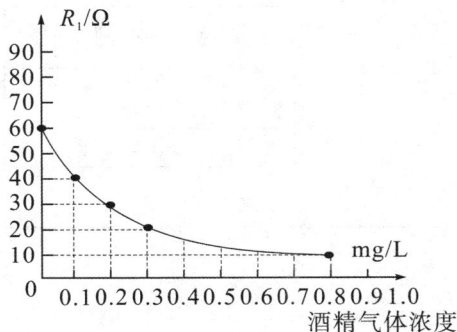 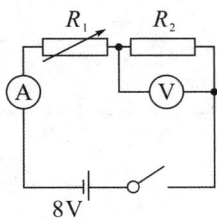 | 行为类型 | 呼气中的酒精浓度 | | 酒驾 | ≥0.1mg/L <0.4mg/L | | 醉驾 | ≥0.4mg/L |

行为 类型	呼气中的酒精浓度
酒驾	≥0.1mg/L <0.4mg/L
醉驾	≥0.4mg/L

组员：	3（☆☆☆☆☆）如图甲是某创客小组设计的酒精浓度检测仪工作电路，R_1
吴同学	为酒精气敏电阻，测得 R_1 与酒精气体浓度的关系如图乙所示，表格中的信
陈同学	息为查到的有关酒驾、醉驾的标准。电源电压恒为 8V，定值电阻 $R_2 =$
陈同学	20Ω。求：
覃同学	（1）当酒驾时，电路的电流范围是？
	（2）当被测人员判定醉驾时，电路的电压至少是多少？

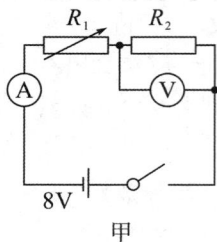

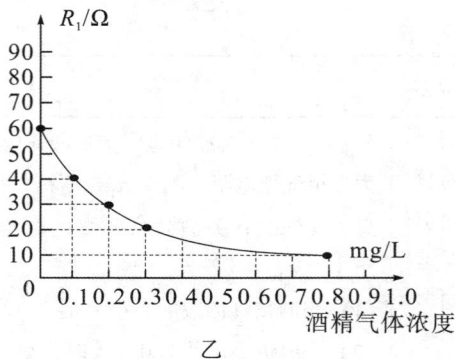

甲   乙

行为类型	呼气中的酒精浓度
酒驾	≥0.1mg/L <0.4mg/L
醉驾	≥0.4mg/L

第七章　学生自主创新实验课题研究与成果提炼

第一节　学生自主创新实验课题的选择与申报

实验课题研究是以物理教学工作为平台，以教育理论为指导，以明确的研究目标为指针，用科学的研究方法、科学的研究流程，对实验教学现象进行分析、归纳、概括、验证，从而挖掘出隐藏在实验教学现象背后的规律或现象之间的内在的科学联系，找到解决问题的方法、策略以及途径。[①]

学生自主创新实验课题研究，是指以"学生自主创新实验"为研究内容开展的系列教科研项目。本节将主要谈谈学生自主创新实验课题的选择与申报。

一、学生自主创新实验课题的选择

选题是研究课题的选择和检索，是课题研究成功的关键，也是课题研究的起点和归宿。[②] 学生自主创新实验课题的选题应注意构建"问题即课题"的选题模式。①选题应具有目的性并来自客观需要，如解决教育教学中的问题（主要包括教学目标问题、教材使用问题、教学方式方法问题、教学教研活动的形式问题）；②选题应具有科学性；③选题应具有创造性，不要太泛、太旧；④选题应具有可行性，不要太大。[③]

---

① 王爱生. 如何做好物理实验课题的研究 [J]. 中学物理，2020（4）：28 – 31.
② 王爱生. 如何做好物理实验课题的研究 [J]. 中学物理，2020（4）：28 – 31.
③ 周兆富. 中学物理教学研究 [M]. 西安：陕西科学技术出版社，2021：30 – 40.

表 7-1　学生自主创新实验课题的选题参考指南

选题依据	选题方向参考
课型	1. 各类型课堂演示学生自主创新实验的设计与应用
教与学过程中师生的困惑点或兴趣点	2. 基于突破教学难点的学生自主创新实验的设计与应用 3. 基于克服实验困难的学生自主创新实验的设计与应用 4. 基于习题实验化的学生自主创新实验的设计与应用 5. 基于解决生活实际问题的学生自主创新实验的设计与应用 6. 可视化学生自主创新实验的设计与应用
热点问题	7. 基于学生物理核心素养提升的学生自主创新实验实践研究 8. 基于 STEM 的物理学生自主创新实验的实践研究 9. "双减"政策下开展初中物理学生自主创新实验的实践研究 10. 基于创新素养发展的初中物理实践性作业的设计与实施
其他	11. "学生自主创新实验"微信公众号的创建与应用 12. "学生自主创新实验"视频号的创建与应用

注：本指南列出的是课题的研究方向，不是具体的课题名称。

案例 1：《"双减"背景下初中物理学生自主创新实验的实践研究》的课题选择

选题的来由：

本课题组一直走在通过实验教学改革促进物理教师专业成长、提升教学质量的路上，在上一个顺德区教育科学"十二五"规划课题——《初中物理演示实验的开发与研究》于 2016 年结题后，课题组进一步研究了"创新实验"与"学科核心素养"的关系，形成以下认识：科学探究学习方式是提高学生科学素养的一种重要而有效的途径。针对目前多个版本教材，普遍存在设计的实验内容不能完全满足培养学生自主创新能力的教学需求的问题。

我国科技发展的方向就是创新、创新、再创新。实施创新驱动发展战略，最根本的是要增强自主创新能力。在各级学校全面推行素质教育，大力提倡立足实际、勇于创新、敢于实践的精神，着力提升学生适应社会和适应时代的综合能力。开展学生自主创新实验方面的研究有利于培养学生的创新能力和动手能力。《教育部关于加强和改进中小学实验教学的意见》指出："到 2023 年前要将实验操作纳入初中学业水平考试，考试成绩纳入高中阶段学校招生录取依据。"我们要进一步加强对学生实验操作和创新能力的培养，以适应新形势下的发展要求。

2020 年，本课题组申报广东省教育科学"十三五"规划课题——"基于创新实验发展学生物理学科核心素养的实践研究"并立项。学生自主创新实验是规划课题的一个研究内容。本课题组为学生提供自主创新实验展示交流的平台。

基于以上背景，本课题组确立了"基于创新实验发展学生物理学科核心素养的实践研究"这一课题，在以往研究实验教学的基础上，系统研究如何通过创新实验来发展物理学科核心素养的相关问题。

案例点评：在《"双减"背景下初中物理学生自主创新实验的实践研究》的课题选择中，团队经历了获得一定的研究成果—遇到困惑以及产生自我突破的需求—认识和理解国家的课改需求—进一步深入开展研究几个阶段，其实这也展示了课题的孕育和成长过程。研究主题的选择是课题研究的第一步，课题研究一定要体现问题导向——源于有价值的真问题，因此要与自己的实际教学联系起来，从科研的角度关注实验，才能实现工作即研究、对策即方法、成绩即成果①。

二、学生自主创新实验课题的申报

课题论证与申报立项能够对研究价值进行有效鉴定，可以促进研究方案的不断完善，保证研究的质量。撰写课题论证报告应特别注意以下几个方面的内容：研究什么样的问题（课题名称）；为什么要研究此课题（时代背景、理论依据、实践依据等）；课题的内涵是什么（课题界定）；研究的目标是什么（课题研究的目的）；研究的内容是什么（子课题）；研究方法是什么（要写清楚具体采取什么方法）；研究步骤过程（时间、内容的分配）；成果的呈现形式。②

案例2：课题《"双减"背景下初中物理学生自主创新实验的实践研究》的申报

（1）研究什么样的问题（课题名称）。

基于创新实验发展初中学生物理学科核心素养的实践研究。

① 王爱生. 如何做好物理实验课题的研究［J］. 中学物理, 2020（4）: 28 - 31.
② 周兆富. 中学物理教学研究［M］. 西安: 陕西科学技术出版社, 2021: 30 - 40.

（2）为什么要研究此课题（时代背景、理论依据、实践依据等）。

首先是自身实验教学存在的问题：现有的实验教学手段已经无法满足学生成长的需求。

其次是近年来"学生自主创新实验"教学及成果对实验教学有很好的借鉴意义。物理实验不能完全拘泥于教材、传统与教师实验，学生的自主创新实验，能增强学生对物理学习的兴趣。

至于国内外的研究现状：近年来，国外的创新实验设计改革主要在两方面进行：一是利用先进的信息技术设计创新实验；二是创新实验趣味化。这在美国初中主流理科教材《科学探索者》中有生动的体现。在国内，近年来对学生自主创新实验的相关研究已然兴起。

（3）课题的内涵是什么（课题界定）。

根据文献检索和笔者的实际研究需要，本课题将"双减"和学生自主创新实验界定为：

"双减"是减轻义务教育阶段学生作业负担和校外培训负担的简称，本课题以"减轻学生作业负担"为解决问题的切入点。

学生自主创新实验是基于物理现象或规律，由学生自主提出问题，通过合理猜想假设，自主创新设计、全面细致观察、主动合作探究、科学分析论证，得出科学结论的一项综合性、高品质学习的探究性活动。在学生自主创新实验过程中，学生依靠自己的智慧去完成实验设计，意味着自己会分析实验原理，自己思考并选择实验器材，自己设计操作步骤，教师只扮演指导者、帮助者和促进者的角色。

（4）研究的目标是什么（课题研究的目的）。

通过研究学生自主创新实验，探索优化作业设计，创生课程资源，改进学习评价，从而促进学生科学探究能力的提升，探索通过学生自主创新实验优化课堂教学的策略与措施。构建学—教—评融合的体系，发展学科核心素养的有效路径和方法。为落实"双减"目标提供了一种范式与案例。

（5）研究的内容是什么（子课题）。

如图 7-1 所示，学生自主创新实验研究包括学生自主创新实验的开展，学生自主创新实验在作业设计、课程资源建设、课堂教学中的应用，以及有效的评价机制等内容。

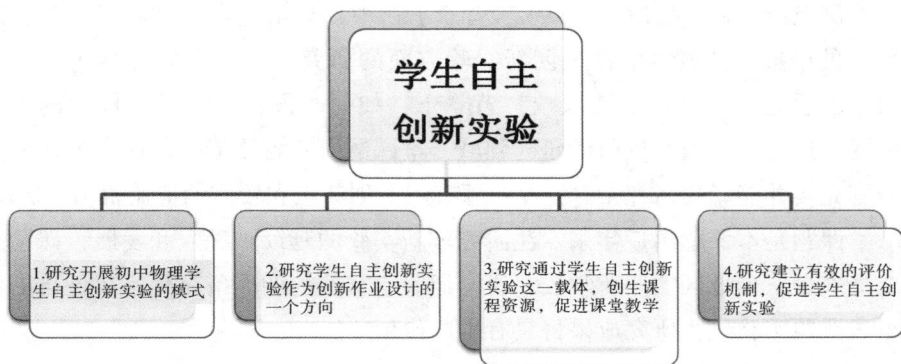

图 7-1 "学生自主创新实验"研究内容框架

(6) 研究方法是什么（要写清楚具体采取什么方法）。

调查研究法：通过问卷调查的方式，了解学生自主创新实验对学生学习初中物理的兴趣的影响。

文献资料法：通过搜集国内外有关学生自主创新实验的最新研究成果与发展动态，学习其先进的手段、理论及设计原理、方法等。

行动研究法：研究过程中，一边自行设计学生自主创新实验，一边进行教学实践，了解学生自主创新实验在突破教学重点、难点时所发挥的作用，有计划、有步骤地解决实验中遇到的问题并及时反思和改进，使其不断完善。

(7) 课题的创新点。

①自主创新实验的模式创新。形成以学生自主创新实验为主线，从选择课题、设计与实验、拍摄与发布、融入课堂和命题等的学—教—评创新模式。

②作业及评价创新。本课题组将学生自主创新实验作为学生拓展性作业的一种重要内容，引导学生自主提出问题、寻找课题，综合利用所学知识，创造性地完成实验，以及建立学生自主创新实验的有效评价机制。

③探究课、复习课等课型创新。本课题组将学生自主创新实验融入物理课堂，能有效帮助学生建立正确的物理观念，探究物理规律，练习、复习和运用知识。在教学形式上实现创新，促进学生深度学习，构建一种可操作和可复制的创新课型。

梳理好以上问题后，再进一步明确研究步骤过程（时间、内容的分配）和成果的呈现形式，这就完成课题的论证和立项了。

　　案例点评：通过课题"'双减'背景下初中物理学生自主创新实验的实践研究"的申报，开展学生自主创新实验方面的研究，有利于培养学生的创新能力和动手能力，研究在"双减"背景下，如何改进物理学习及作业的形式和内涵。这是一个很有价值的研究领域。本课题研究思路清晰，四个方面的研究内容充实并能紧扣研究主题，本课题有三个创新点和较广的应用价值。

　　本课题是本课题组近年来专注研究创新实验的延续、深入和发展，课题组的成员来自三个地区的四所学校，研究经验丰富，前期准备充分，在各自的学校组建课题实验班，研究成果将具有推广价值。

第二节　　学生自主创新实验课题的开题与研究过程

一、学生自主创新实验研究课题的开题

　　开题是指在科研项目、学术研究或论文写作过程中，对于研究内容和研究方向进行说明和介绍的一个环节。开题的目的是向导师、评审委员会介绍你的研究计划和研究目标，获得他们的认可和反馈。在开题阶段，你需要详细描述你的研究问题、研究目标、研究方法和预期结果等内容，并解释你的研究为何具有重要性和创新性。开题报告通常包括引言、背景介绍、研究问题、研究目标、方法和数据收集计划以及预期结果等内容。开题是科研过程中的一个重要阶段，它可以帮助你获得相关专家的意见和建议，进一步提炼和完善你的研究方向和研究计划。通过开题，你可以与导师或评审委员会进行深入的讨论，确保你的研究方向和方法是可行和合理的。此外，开题还能帮助你准备后续的研究工作，以及规划研究进度和做好时间安排。

　　撰写开题报告是课题开题的基础性工作，如果说课题申报重点是阐述研究什么、为什么要研究这个项目、研究的可行性，那么开题报告的重点就是如何研究。一般开题报告分为四部分：

　　（1）开题活动简况（填写开题当天的情况，包括开题的时间、地点、参与开题的专家和其他人员，以及开题的主要流程）。

　　（2）开题报告要点（填写开题的题目、内容、组织、分工、进度、经费分配、预期成果等，重点写清研究设计思路，包括研究假设、技术路线、研究

手段与方法、重难点和可行性分析等）。

（3）课题主持人所在单位意见（重点要填写对课题的具体支持，包括人、财、物、时间等方面的保障，经费支持要写明金额；由所在单位签署意见并盖章，只有所在单位同意开题后，才可进行开题）。

（4）专家评议要点（开题专家组组长负责记录开题专家组成员对课题研究方案的可行性分析、主要建议与意见）。

案例1："'双减'背景下初中物理学生自主创新实验的实践研究"的开题

2022年1月19日，"'双减'背景下初中物理学生自主创新实验的实践研究"等多个课题在顺德伦教翁祐实验学校开题。开题活动包括颁发立项证书、课题组负责人刘小丰做课题开题报告、其他课题负责人做课题开题报告、五位专家做课题开题评议与指导、合影留念五个环节。课题负责人在开题报告中重点阐述了以下几个方面：

1. 研究内容

（1）开展初中物理学生自主创新实验的模式。探究如何基于学生自主创新实验，从选择课题、设计与实验到融入课堂教学和学生自主命题等包含"学—教—评"的创新教学模式。

（2）将学生自主创新实验作为创新作业设计的一个方向。"双减"背景下，以学生自主创新实验为载体改进作业设计。研究物理作业的现状并改进作业设计的形式和内容组织，结合八年级《物理》的学习内容和自主创新实验的特点，尝试对自主创新实验进行分类，具体分为验证性创新、测量性创新、探究性创新。实验内容的选择，除了每周三的教师集中研讨外，还收集学生提出的好的实验课题，公布每周实验课题选题目录，供学生选择。

（3）通过学生自主创新实验这一载体，创生课程资源，促进课堂教学。"双减"背景下以学生自主创新实验为载体的课堂教学改进，充分利用学生自主创新实验作品，形成创新实验案例，形成课堂教学素材，形成网络学习资源。尝试在部分教学环节灵活嵌入学生自主创新实验内容，替换原有部分课型的教学方式。

（4）建立有效的评价机制，促进学生自主创新实验。"双减"背景下，研究和制定自主创新实验评价标准，用以支撑选作品、选优活动的进行。研究基于学生自主创新实验的总结性评价，让学生通过反思，改进实验方案，再次提交"创新"实验微视频。

2. 课题研究的重点、难点与创新点

(1) **研究重点**：研究出开展初中物理学生自主创新实验的基本模式；研究通过学生自主创新实验这一载体，创生课程资源。实现"减负提质"的实践目标。

(2) **研究难点**：研究学生自主创新实验作为物理实践作业的重要形式，其设计原则、策略与方法；研究如何建立能促进学生自主创新实验的有效评价机制。

(3) **研究创新点**

①自主创新实验的模式创新。形成以学生自主创新实验为主线，从选择课题、设计与实验、拍摄与发布、融入课堂和命题等的"学—教—评"创新模式。

②作业及评价创新。本课题组将学生自主创新实验作为学生拓展性作业的一种重要内容，引导学生自主提出问题、寻找课题，综合利用所学知识，创造性地完成实验，以及建立学生自主创新实验的有效评价机制。

③探究课、复习课等课型创新。本课题组将学生自主创新实验融入物理课堂，能有效帮助学生建立正确物理观念，探究物理规律，练习、复习和运用知识。在教学形式上实现创新，促进学生深度学习，构建一种可操作和可复制的创新课型。

3. 研究基本思路、研究手段与技术路线

在"双减"背景下，组建实验班，开展初中物理学生自主创新实验的实践研究，改进教学方式、实验教学设计、作业设计和评价等。开展物理实践作业设计研究，组织寒暑假学生自主创新实验展示交流活动。创建"学生自主创新实验"微信视频号和"学生自主创新实验"抖音视频号，作为各地学生学习交流物理实验的平台，促进教学改革。通过问卷、访谈和专家指导等手段，了解学生自主创新实验教学对有效学习的促进和提升作用，形成研究成果。本研究技术路线如图7-2所示：

通过问卷、座谈等方式了解学情，分析对策 ➡ 主要成员（三地四校）均组建课题实验班 ➡ 创建"学生自主创新实验"微信视频号，分享交流作品 ➡ 采用个案研究、行动研究等方法推进课题 ➡ 及时做好过程反思，邀请专家指导、改进提升 ➡ 课题总结，提炼成果，辐射示范

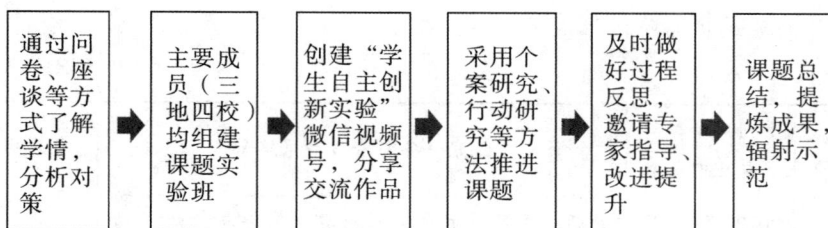

图 7-2 "学生自主创新实验"研究技术路线

4. 组织与分工

	姓名	职称/职务	学历/学位	研究专长	分工情况	工作单位
组织与分工	刘小丰	高级/副校长	本科/硕士	学生自主创新实验教学与评价	规划、统筹、指导学生课题、研究报告	佛山市顺德区翁祐实验学校
	符方阳	一级/教研组长	本科/学士	学生自主创新实验教学及展评	学生自主创新实验及展评活动	佛山市华英学校
	廖洪钟	一级/教务处副主任	本科/学士	课堂教学、创新实验微课	学生自主创新实验及微课	佛山市顺德区周君令中学
	高湘	高级/市名师工作室主持人	本科/学士	课堂教学、命题研究	学生自主创新实验及命题研究	广东肇庆中学
	胡春安	一级/教务处副主任	本科/学士	课堂教学、实验操作与说课	学生自主创新实验设计与技术支持、视频号发布	佛山市顺德区翁祐实验学校
	麦俭富	二级/级长	本科/硕士	实验教学、学生自主命题	学生自主创新实验技术支持、过程资料收集	佛山市华英学校

5．研究进度与阶段性成果

	序号	研究阶段 （起止时间）	研究任务与阶段成果名称	成果形式
研究进度与阶段性成果	1	2022 年 1 月至 2 月	开题、寒假学生自主创新实验展评与交流活动开始	报告、视频
	2	2022 年 3 月至2023 年 3 月	课例研究，学生周末、节假日、暑假寒假创新实验研究。 开展各研究学校学生线上线下互动和学习活动。 提炼出基本的学—教—评模式，作业设计改进有具体的物化成果，课堂教学改进有具体的课例成果，形成比较完善的评价量表	论文、报告、自主创新实验视频等物化成果
	3	2023 年 4 月至2024 年 4 月	课例研究，学生周末、节假日、暑假寒假创新实验研究。 基于学生自主创新实验的学—教—评模式进一步完善，作业设计改进有具体的物化成果，课堂教学改进有更多的精品课例成果，形成比较完善的评价量表	论文、报告、自主创新实验视频、原创题等物化成果
	4	2023 年 5 月至2024 年 7 月	撰写课堂研究报告、模式提炼成型、产出课改课例、作业设计案例、评价等一系列成果	论文、结题报告、自主创新实验视频等物化成果
	5	2024 年 6 月至2024 年 7 月	总结反思，分析论证，本课题研究成果汇总	结题报告、成果展示活动

案例点评：专家组认为本课题选题很有意义，尤其对于构建课堂资源、改进课堂评价、落实"双减"政策等都有很好的参考价值；课题的内容紧扣课题；研究方法和手段恰当；研究思路清晰。故同意开题。为了让课题更优质地开展，现提出以下几点建议：

（1）课题要进一步聚焦，有所指向。比如指向创新意识、创新精神、创新能力等，尽可能做到体系化。

（2）课题在研究过程中可进一步细化，例如研究假设要更具体，研究对象、研究进展等要更明确。

（3）研究模式可以进一步优化，例如可以考虑采取"创—实—评"的模式进行研究。

（4）创建创新实验作品库。按实验知识板块分类，优化实验成果。

二、学生创新类学生自主创新实验的过程与中期检查

开题之后，课题进入重要的研究阶段。研究过程中要做好资料积累，课题组老师指导学生把所学的知识点应用到实际生活当中，在应用当中学习到知识，提高学习能力，这个循环过程是最好的学习方法。学生创新类学生自主创新实验是促进学生学习、提高学生学习能力、培养创新能力、提高学习兴趣的一种很好的手段。

学生自主创新实验实施过程的总体思路如图 7-3 所示。

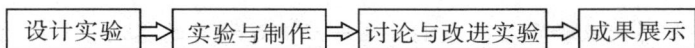

设计实验 ➡ 实验与制作 ➡ 讨论与改进实验 ➡ 成果展示

图 7-3　学生开展自主创新实验的流程

实施过程中，由教师给学生布置任务。学生根据自己的灵感或教师给出的学生自主创新实验的参考项目来设计实验。学生以小组的形式完成实验或制作作品，教师把作品收上来审阅，然后与学生一起探讨改进方案，再次完善实验，并进行展示与交流。

案例 1：静摩擦力实验

"'双减'背景下初中物理学生自主创新实验的实践研究"课题组成员符方阳、麦俭富老师所在备课组，给整个年级的学生布置了学生自主创新实验的寒假作业。

对于学生自主创新实验的内容老师是不加以限制的，主要是不想限制学生的思维，学生可以激发生活中的任何一个灵感做实验。当然，为了防止一些学生毫无思路，老师也给了一些参考实验。

第二学期作品收上来后，老师发现有一组学生做了静摩擦力的实验。小组

学生把两本书的每一页交叉叠放，然后拉书，发现书拉不出来。这个实验展示出强大的静摩擦力，在学生眼中是很神奇的。老师也觉得这个实验挺有价值，于是找来小组的学生，与他们一起商量怎样才可以让这个实验现象更明显、更有震撼力。在讨论过程中老师提出一个问题，两本书的静摩擦力是否可以拉起一个人？学生开始讨论如何完成用两本书的静摩擦力拉人的实验。

学生开始整理思路：①拉起一个人的静摩擦力要比较大，所以得找两本比较厚、页码比较多的书；②要在上下两本书上打孔绑绳子；③要找一个架子固定上面的绳子。讨论完后学生分工完成任务，组装了一个相对理想的器材。追求完美的学生们又提出了一个更理想的方案：何不在架子上装上滑轮组，实验展示时，把人从地面拉上来。学生又开始忙活起来，用实验室的大滑轮组做成了最终的作品。

展示时，当场请台下的观众上台体验，其成功被两本书拉起来，效果震撼无比。

展示完成后，老师采访参与的学生，让学生说说自己的感受：

学生 A：从这次物理实验中，我感受到了科学和真理的结合，它不仅锻炼了我的动手能力，还提高了我的团体意识和探索新事物的能力。虽然，在这次实验中有很多的失败和不足，我们甚至一度有过放弃的想法，但是在各个老师和队友们的鼓励下，我们坚持了下来，最终获得了特等奖的好成绩。成绩固然不错，但是在科学探究的路上，我还要越走越远，越走越顺。

学生 B：科技节的成果十分不易，实验从无到有，从失败到成功，进行了多次尝试。我们也学到了一些关于成功的小方法：①提前学习，提高效率；②注入心血。

学生 C：通过这次静摩擦力实验，我领会到物理的魅力，小组成员拧成一股绳，分工明确，相互鼓励，从失败中蜕变。多次修改，最终收获胜利的果实。在物理的海洋中遨游是件有趣、幸福的事情，我愿找到更多的宝藏。

案例点评：学生自己亲手实验，小组讨论改进方案，再次完成实验，最终做成了一个理想的作品，还通过平台展示接受来自其他学生的掌声和喝彩。学生的收获颇丰，这种收获是在课堂上听教、书本上学习得不到的。它让学生亲身体会知识是有用的；让学生感受到从学习知识到应用知识是有一段距离的；让学生知道在参与实验的过程中还可以学到更深刻的知识；让学生进一步认可自己，原来自己也可以做出厉害的作品；让学生学会坚持；让学生感受来自团队的力量……

　　课题研究过程中需要进行中期检查，撰写课题研究的中期报告是研究过程中的一个重要节点，用于向导师、评审委员会或相关人员呈现课题组的研究进展和初步成果。以下是中期报告的重点内容：

　　（1）引言和背景：在中期报告的开始部分，简要介绍研究课题的背景和相关的研究现状。解释研究的动机和目的，说明为什么这个课题是值得研究的。

　　（2）研究目标和问题：明确列出研究目标，并解释为什么这些目标对于解决研究问题是关键的。针对研究问题给出详细的研究假设，突出你的研究工作重点。

　　（3）方法和数据收集：详细描述所采用的研究方法和技术，解释你选择这些方法的理由和依据。说明数据收集过程，包括数据来源、样本选取方法、实验设计等。如果可能，提供初步的数据收集和分析结果。

　　（4）研究进展和困难：总结进展和在研究过程中遇到的困难。指出已经完成的工作和下一步的计划。讨论可能存在的问题或障碍，并提出解决方案或调整计划的建议。

　　（5）详细说明预期结果：根据已有的研究和初步数据，详细说明你对研究结果的预期。提供支持你预期结果的理论依据和相关文献资料。与之前的研究结果进行对比和分析，说明你的研究的创新之处和价值。

　　（6）时间安排和计划调整：根据中期报告的进展情况，重新评估研究计划和时间安排。提出任何需要调整的计划或时间预期，并说明如何保持合理的时间管理来实现课题研究的顺利进行。

　　在撰写中期报告时，注意以下几点：明确和准确地描述你的研究工作及其初步成果，避免进行过度的推测或主观猜测。以清晰、连贯的语言进行书写，确保报告逻辑严密和易于理解。使用图表、表格或其他视觉工具来支持你的研究进展和结果的呈现。表达自己的观点和思考，但要注意客观性和科学性。

案例2："'双减'背景下初中物理学生自主创新实验的实践研究"中期检查汇报主要内容

1. 课题组在研究过程中开展的主要活动

时间	主要活动内容
2022年1月至2月	课题组成员所在的学校开展寒假学生自主创新实验展评活动
2022年3月	指导学生申报顺德区学生创新课题"初中物理实践作业——自主创新实验"并立项
2022年4月	课题组走进新丰县开展课题研究示范课与讲座
2022年7月至8月	课题组成员在学校开展暑假学生自主创新实验展评活动
2022年9月	物理课题组与生物、化学、科学学科开展跨学科学生自主创新实验研究
	开展第三届佛山市教学改革成果奖申报工作
2022年10月	在广东省中小学"百千万人才培养工程"初中理科名师班学员集中培训期间，分享课题研究成果
2022年11月	成员胡春安在顺德区初中物理课改研讨活动中做讲座 主持人刘小丰在肇庆初中物理名师工作室研修活动中做课题成果讲座
2022年12月	研究成果《基于创新素养发展初中物理实践性作业的设计与实施》获得第三届佛山市中小学教学改革成果奖一等奖
2022年1月至12月	刘小丰、廖洪钟等成员撰写的4篇课题研究相关论文发表在《中学物理》《中学物理教学参考》等刊物上。18篇课题研究类文章发表在微信公众号"学生自主创新实验"上

2. 存在的问题和后续计划

（1）存在的问题。

①实验与实验之间联系不够紧密。

②在跨学科自主创新实验方面作品较少。

③已经发表的学生自主创新实验作品的价值有待进一步挖掘。

（2）后续计划。

①开展大单元设计理念下的学生自主创新实验。

②在跨学科实践活动中挖掘自主创新实验元素。

③充分利用市、省平台，开展基于创新实验发展学生素养的课改研究。

④在已有教学成果的基础上，继续深入、拓展学生自主创新实验的内涵，创新实践路径。

点评：本课题自 2022 年 1 月开题以来，基于开题报告，根据专家意见，课题组成员扎实开展研究工作，初中物理学生自主创新实验激发了教师开展作业改革的积极性，教师们纷纷表示对作业设计的观念、认识明显转变，开展实践性作业设计的能力大有提升。在顺德区 2021 学年义务教育阶段物理学科作业评比中，团队成员所在单位获得了 6 个一等奖（一等奖名额共 14 个）。当前，成果受益群体逐步辐射广东，在广东肇庆中学、广州市荔湾区金道中学、佛山市华英学校、汕头市龙湖区教师发展中心中学等学校推广实践性作业设计，为一线教师提供实践性作业设计的原则和流程。

第三节 学生自主创新实验课题结题与成果提炼

教育科研是源于教学实践而又有所超越和升华的创新性劳动。依据研究方案，通过做课题完成了研究目标，采用了科学的方法，得到了一定的教育教学规律，取得了一定的研究成果，这就意味着完成了研究任务。① 为了发现学生自主创新实验研究中的问题，需要总结研究的经验和成果，分析研究中存在的问题，提出需要进一步研究的问题。借助各种平台展示研究成果，充分发挥优秀成果的示范引领作用，促进教师专业发展和学生知识成长，营造科研兴校的氛围，提高教育教学质量。

---

① 王爱生. 如何做好物理实验课题的研究 [J]. 中学物理，2020（4）：28-31.

一、学生自主创新实验课题结题与成果鉴定

课题研究成果实质是教师进行了长期系统的、理论与实践相结合的研究与实践，形成了创造性地解决教育教学中凸显问题的一套方案，是教育教学实践的智慧结晶和科研水平的展示。在学生自主创新实验研究过程中，教师应有意识地创造条件培育研究成果。在培育研究成果时，要注意记录相关的实验过程，实验过程记录有纸质的、电子的，可以记录学生精美的实验操作过程、失败的瞬间或成功后的感受等。其中纸质的研究过程可以是教师记录，也可以让学生记录。成果培育是个动态的过程，可以边研究边发布，倡导教师发表论文，鼓励学生写相关的实验报告、作文与科学故事。在研究成果积累到一定程度后，教师对成果进行整理，撰写相关材料，寻找契机申报更高级别的课题，能够促进教师不断提升专业能力、教育教学能力与科研水平。

案例 1："基于创新实验发展学生物理学科核心素养的实践研究"结题鉴定会

2023 年 5 月 18 日下午，广东省教育科学规划课题"基于创新实验发展学生物理学科核心素养的实践研究"结题鉴定会在翁祐实验学校三楼 3 号会议室举行，本次结题鉴定会在翁祐实验学校教务处胡春安副主任主持下拉开了帷幕。

本次结题鉴定会的特邀专家：华南师范大学教务处处长、博士生导师熊建文教授；广东第二师范学院罗质华教授；广东省教育研究院基础教育研究室副主任、研究员黄志红博士；佛山市南海区平洲二中正高级、特级教师陈进文校长。参加会议的领导有顺德区教育发展中心教科室任毅老师，伦教街道教研室余逸主任、翁祐实验学校叶宏艺校长等。参会人员还有广东省中小学"百千万人才培养工程"初中理科名教师培养对象罗卓君主任（广东实验中学办公室主任）、黄东梅老师（南海区平洲二中正高级、佛山市名师工作室主持人）、游远方老师（连州市教师发展中心初中物理教研员）、佛山市基础教育刘小丰名师工作室全体成员、伦教街道刘小丰领军学科教师培育工作室全体成员、本课题组全体成员及伦教东部教育集团部分教科研骨干教师等。

按照会议流程，首先由课题主持人、伦教翁祐实验学校刘小丰副校长进行结题报告。在报告中，刘小丰副校长围绕课题研究背景、研究意义、理论依据、主要内容、研究方法等八个方面进行了较为翔实的介绍，其中重点对课题

研究的内容、课题研究的主要过程以及课题研究的主要成果三个方面进行了系统的提炼和汇报。

专家组组长熊建文教授在听完结题报告后，对课题研究过程和研究成果给予了高度评价。熊教授指出课题研究紧紧围绕两个核心：创新实验和核心素养。即本课题研究在课堂教学中利用创新实验发展学生物理核心素养的作用与应用策略；基于创新素养发展的初中物理实践性作业的设计与实施；提升教师创新实验教学能力，发展学生学科素养等方面做了大量研究，取得丰富成果。同时也指出物理创新实验和跨学科实践的结合未来会继续发展，将成为跨学科实践课程的排头兵，希望课题组能不断深挖，研究出更多的成果。

专家组成员、佛山市南海区平洲二中正高级、特级教师陈进文校长对课题研究内容进行了点评。他指出在围绕创新实验发展学生核心素养研究时，也要关注创新素养的关联性和逻辑性，不同实验反映不同核心素养的量化表；并希望课题研究成果能转化应用到常规教育教学活动中，继续落地、生根、开花，未来能将课题成果跨区、跨市、跨省推进，进一步扩大辐射范围和影响力。

最后由专家组成员黄志红博士进行点评。从课题开题到课题结题，黄博士一路都有关注课题的发展，在肯定了课题的论文、学生实验案例、备课模式、核心素养结构模型、创新作业等方面的同时，也非常认可课题研究在促进教师专业发展方面的显著成效。

本次结题鉴定会，专家组听取了汇报，查阅、检验了相关材料，从不同角度肯定了课题研究成果，也提出了改进建议。最后经过专家组深入交流，达成一致意见，由专家组组长熊建文教授宣布了专家组对本课题的结论：同意结题，鉴定结果评定为优秀。

伦教街道教育教学研究室余逸主任对专家组的到来表示感谢，也祝贺本课题研究获得了专家组的肯定，同时期待课题成果能够继续落地推进，助力顺德区物理教育再创佳绩、助推伦教物理教育教学再发展。

顺德区教育发展中心教育科学研究室任毅老师结合自己的专业，认为本课题的材料完整、成果丰富、落实成效好。任老师对课题研究的成果及相关材料的完善，提出了中肯的修改建议，希望课题组在扎实研究的同时，也要在凝练成果、汇总材料过程中注意细致准确。

点评：本课题的结题程序规范、全面。一是课题组全面梳理了研究过程和研究成果。特别是在课题研究的过程中，教师和学生的思想相互激荡，动态生成。二是共同培育了一批优秀的学生自主创新实验成果，为申报课题成果创造了条件。通过研究报告的撰写，形成教师的生态研究群体，帮助教师逐步形成研究能力、养成研究习惯、提高研究水平，使培育的研究成果利于转换，提高教学的整体质量。课题结题不是结束，而是新的起点。结题鉴定会是专家与老师们的一次面对面的交流，是促进学校发展、促进课题组教师专业成长的一次契机。相信课题组老师们定会以本次结题鉴定会为契机，充分听取和吸收专家的意见和建议，提高课题研究的实践性、实用性、辐射性，真正做到教科研为提升教学质量服务。

以下是相关证书：

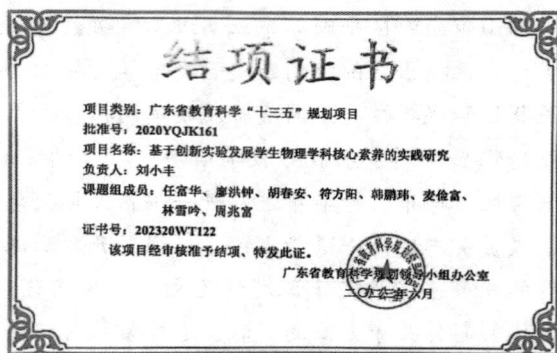

图 7-4　两个"学生自主创新实验"省级课题结题证书

二、学生自主创新实验教学成果的提炼与申报

课题成果的推广应用是教育科研效益的直接体现，也是教育科研知识的普及过程。课题研究的成果有很多种类，如学术论文、专著、反映成果的实践操

作的教学设计、活动设计、个案研究报告、调研报告、教学软件或光盘、文献资料的汇编等①。有的学校积极申请课题，用了几年时间，花了大量人力物力，取得了不少行之有效的研究成果。但是结题后，由于种种因素的影响，成果得以推广应用的并不多，久而久之，就将其束之高阁了②。因此，应及时提炼研究成果，因地制宜做好展示与推广工作，在推广过程中，不仅要接受课题研究成果，而且要继承、发展乃至创新，为提高教育教学服务，达到相互学习、共同提高的目的。

为深入学习贯彻党的教育方针和习近平新时代中国特色社会主义思想，全面深化全市中小学教育教学改革，展示和交流教育教学改革的优秀成果，根据国务院《教学成果奖励条例》和广东省教育教学成果奖评审工作的有关规定，2022年，佛山市教育局决定开展第三届佛山市中小学教育教学改革成果展评活动。对此，刘小丰团队全面梳理了近十年来在学生自主创新实验领域开展研究的过程，以及对课题成果的推广，提炼教学成果，积极申报。以下是获奖证书（图7-5）和成果申报书：

图7-5

① 周兆富. 中学物理教学研究［M］. 西安：陕西科学技术出版社，2021：129.
② 金颂梅，曾杰. 课题研究成果应加以推广［J］. 江西教育：教学版（B），2010（10）：16.

第三届佛山市中小学教学改革成果申报表

申报类别 _____ 教　学　类 _____

成果名称 ____ 基于创新素养发展的初中物理实践性作业设计与实施 ____

主持人 _____ 刘　小　丰 _____

完成单位 _____ 佛山市顺德区伦教翁祐实验学校 _____

申报时间 _____ 2022 年 8 月 20 日 _____

一、成果简介

	获奖时间	获奖种类	获奖等级	授奖部门
申报成果曾获奖情况	2016 年 9 月	教育科研成果	区级	顺德区教育科研指导委员会
	2021 年 1 月	教学创新成果	省级	广东教育学会物理教学专业委员会
	2021 年 6 月	教育科研优秀课题成果	市级	佛山市教育局
成果起止时间	起始：2016 年 7 月 完成：2020 年 7 月			

成果主要内容摘要：（不超过 500 字）

　　自主创新能力是国家兴旺发达的不竭动力。中学物理教学是培养科技创新人才的基础环节，作业作为课程的有机组成，承载着发展学生创新素养的重要任务。

　　聚焦初中物理实践性作业，明确以学生创新素养发展为目标，以实践性作业为载体，构建"基于学生创新素养发展的初中物理实践性作业设计框架"，该框架首先根据创造力相关理论及课程标准的课程目标，从创新意识、创新思维、实践能力和创新精神 4 个要素创建创新素养结构模型。结合创新素养的 12 个基本要点、作业设计的相关理论和实践性作业的特点，构建"三维度＋五原则"的初中物理实践性作业设计框架。"三维度"即素养目标、作业形式、作业内容；"五原则"即整合性、层次性、实践性、高阶性、多样性。在此基础上，搭建基于创新素养发展的"四环七步"实践性作业实施路径、评价流程和线上平台。通过科学合理地设计层次分明、类型多样的实践性作业，有效提升了学生的创新思维和实践能力。

　　成果在推广过程中备受一线教师和广大学生的欢迎，为当前面向创新素养的初中物理作业设计的创新起到了一定的示范引领作用。搭建"学生自主创新实验"微信视频号、抖音视频号等平台展示学生实践性作业，两大平台的学习点击率超过 54 万次，发布学生自主创新实验 1 017 个；出版"中学物理微实验设计与应用"等著作 5 本，发表论文 21 篇，其中核心期刊 9 篇；指导学生获各级各类科技创新实践成果活动获奖 18 项。

二、主持人情况

主持人	刘小丰		
出生年月	1978 年 9 月	学历/学位	本科/硕士
参加工作时间	1999 年 8 月	教龄	23 年
专业职称	初中物理高级教师	职务	副校长
工作单位	佛山市顺德区伦教翁祐实验学校	联系电话	137 ＊＊＊＊＊＊＊＊

主要贡献（不超过 500 字）

　　主持广东省教育科研规划课题和中小学新一轮"百千万人才培养工程"等研究项目，基于课题研究：

　　（1）选定研究方向，拟定研究方案，创建了创新素养的四要素结构模型和"三维度＋五原则"的初中物理实践性作业设计框架，搭建了"学生自主创新实验"微信视频号、抖音视频号，开发了配套实践资源，担任全国知名微信公众号"学生自主创新实验"的编辑。

　　（2）在广东肇庆中学、广州市荔湾区金道中学、佛山市华英学校、汕头市龙湖区教师发展中心中学等校推广实践性作业设计，为一线教师提供实践性作业设计的原则和流程，以及系列资源。

　　（3）主编或参编《中学物理教学研究》《中学物理微实验设计与应用》等 3 本著作，在《中学物理》等期刊发表相关论文 10 篇，其中核心期刊论文 6 篇。获广东省首届物理青年教师教学创新大赛一等奖、广东省中学物理教学创新成果一等奖。

本人签名：

2022 年 8 月 20 日

三、主要完成单位情况

第一完成单位	佛山市顺德区伦教翁祐实验学校		
联系人	叶宏艺	联系电话	139＊＊＊＊＊＊＊＊

主要贡献（不超过 500 字）

作为成果完成单位，主要贡献有以下五方面：

（1）物理教研组是"广东省优秀示范研究组"和佛山市中小学教育教学研究基地，学校重视教育教学研究和创新教育，组织物理组全员参与实践性作业为特色的作业设计与改革，为项目开展提供了政策保障和经费支持。

（2）学校先后被评为广东省第三批现代教育技术实验学校、广东省综合实践课程样本学校、全国创新之旅营地学校等，为项目的研究与实践提供场所和师资，配备信息技术教师，协助管理运营"学生自主创新实验"微信视频号和抖音视频号。

（3）协助团队负责人制定了比较完善、可行的研究方案和具体的研究方法，为研究工作的顺利完成奠定了较好的基础。从 2018 年开始，在一年一度的科技节活动中开展学生自主创新实验展评系列活动，为学生提供交流展示平台，并定期组织顺德翁祐中学和香港翁祐中学学生创新教育研学活动。

（4）协调、解决了项目研究过程中遇到的各种问题，并向全区推广我校生物、化学等其他学科，通过佛山市顺德区教育发展中心和学校网站宣传成果，对获取研究成果起到了十分重要的推动作用。

（5）学校打造基于学生自主创新实验的深度学习课堂系列活动，吸引了香港、澳门、四川、广州、深圳等地的教师来校交流、学习，为成果的宣传和推广创造条件。

单位（盖章）

2022 年 8 月 20 日

四、审核、推荐意见

申报单位意见	审核推荐意见 　　该教学成果的申报材料真实有效，该成果创建了创新素养的结构模型，构建了"三维度＋五原则"的初中物理实践性作业设计框架，搭建了基于创新素养发展的初中物理"四环七步"实践性作业实施路径、评价流程和"学生自主创新实验"等线上平台。成果教学改革实践效果显著，有效提升学生的创新思维和实践能力。该课题的研究对于初中物理以及其他课程开展实践性作业设计有重要的理论和实践意义，且具有重要的推广价值。 　　成果主要完成人具有良好的师德师风，教学经验丰富，教学改革意识强，取得了一系列关于实践性作业的教学成果，在我校起到了很好的示范作用。 　　同意推荐申报。 　　　　　　　　　　　　　　推荐单位负责人签字（盖章） 　　　　　　　　　　　　　　　　　　　　年　月　日
区教育局意见	 　　　　　　　　　　　　　　　　　　单位盖章 　　　　　　　　　　　　　　　　　　　　年　月　日